L'EFFET LUNE DE MIEL

Louanges

*« Réalisation vraiment remarquable.
Toute une vie de joie qui tient en un manuscrit concis.
Je l'ai lu deux fois et j'ai aimé le moindre instant de ma lecture. Un de mes grands livres préférés. »*

— Dr. Wayne W. Dyer

« Bruce Lipton a écrit le plus grand livre sur l'amour que j'aie jamais lu, et ce, tant sur le plan personnel qu'à l'échelle planétaire. Et j'en ai lu des myriades ! Je connais personnellement, et de près, Bruce et sa bien-aimée Margaret. Leur relation est joyeuse, enrichissante, créative et contagieuse. Ils vivent le paradis sur terre. Vous le pouvez aussi. Bruce utilise les principes de la nouvelle science dont il se fait le fer de lance pour nous éclairer, nous informer et nous encourager tous à manifester l'amour que nous avons toujours désiré. »

— Joan Borysenko,
biologiste, psychologue et auteure à succès de
Minding the Body, Mending the Mind

« L'effet lune de miel amène l'effet magique des relations bienveillantes jusque dans nos cellules et nous apprend comment créer ces relations. »

— Christiane Northrup, gynécologue-obstétricienne et auteure des livres à succès au palmarès du *New York Times*, soit *Women's Bodies, Women's Wisdom et La Sagesse de la ménopause*

« Si jamais vous vous êtes demandé pour quelle raison une nouvelle relation passionnante perd de sa magie et de son lustre, vous aurez envie de lire ce livre. En expliquant les principes scientifiques qui sous-tendent vos rapports et en vous montrant les stratégies qui vous permettront de communiquer

de la meilleure des façons, L'effet lune de miel ramènera sans aucun doute le lustre et la vitalité dans les relations qui comptent le plus pour vous. »

— Cheryl Richardson, auteure de *Vous pouvez vous créer une vie exceptionnelle, Reprenez votre vie en main, Prenez le temps de choisir votre vie, L'incontournable pouvoir de la grâce, Pleins feux sur votre vie*

« Quel plaisir de lire l'humour exubérant et agréable de Bruce alors qu'il se penche sur la science des relations bienveillantes! Pour Bruce, il est clair que les couples peuvent beaucoup apprendre de la physique quantique, de la biochimie et de la psychologie pour créer des relations conscientes et bienveillantes. Un superbe ouvrage pour quiconque veut créer des rapports bienveillants dans sa vie et maintenir ceux qui existent déjà. »

— Gay Hendricks, auteur du *Grand Bond* et, en collaboration avec Kathlyn Hendricks, de *Conscious Loving*

« Tous les couples qui essaient de manifester l'amour et la confiance dans leur relation devraient lire L'effet lune de miel. Bruce explique en termes simples les principes scientifiques derrière la magie de l'amour. Son livre est prenant, inspirant et, surtout, éclairant. »

— Arielle Ford, auteure du *Secret pour trouver l'âme sœur*

« Brillante et cohérente explication de la façon dont nous tombons amoureux et dont nous perdons ce sentiment une fois l'effet lune de miel passé. De plus, Bruce nous explique allègrement et très clairement comment nous pouvons modifier notre programmation inconsciente et transformer nos scénarios les plus ancrés pour retrouver l'effet lune de miel dans toutes nos relations, pour le restant de nos jours. Lipton s'inspire largement de la biologie cellulaire, de l'étude des gaz nobles et de l'éducation consciente des enfants, entre autres, pour amener ses arguments. Il le fait cependant avec une simplicité légère remplie de joie et de profondeur. Comme c'est le cas de tous les livres de Bruce, cet ouvrage est intense. »

— Nicki Scully, auteur de *Alchemical Healing et Planetary Healing*

L'EFFET LUNE DE MIEL

PAR BRUCE H. LIPTON, PH.D.

Livres publiés aux Éditions Ariane

La Biologie des croyances

Évolution spontanée

Bruce H. Lipton

L'EFFET LUNE DE MIEL

L'ART DE CRÉER LE PARADIS SUR TERRE
et la science sous-jacente

ARIANE
ÉDITIONS

Titre original anglais :
The HONEYMOON EFFECT
the science of creating heaven on earth

Distribué au Canada par :
Raincoast, 9050 Shaughnessy St, Vancouver BC V6P 6E5

Ariane Éditions Inc.
1217, av. Bernard O., bureau 101, Outremont, Qc
Canada H2V 1V7
Tél. : 514-276-2949, Fax. : 514-276-4121
Courrier électronique : info@editions-ariane.com
www.editions-ariane.com

Traduction : Annie J. Ollivier
Révision linguistique : Monique Riendeau
Mise en page : Kesse Soumahoro
Graphisme : Carl Lemyre
Première impression : juillet 2013

ISBN : 978289626-129-1

Dépôt légal : 3e trimestre 2013
Bibliothèque nationale du Québec
Bibliothèque nationale du Canada
Bibliothèque nationale de Paris

Diffusion
Canada : Flammarion—514-277-8807
www.flammarion.qc.ca
France, Belgique : D.G. Diffusion—05.61.000.999
www.dgdiffusion.com
Suisse : Transat—23.42.77.40
www.servidis.ch

Gouvernement du Québec
Programme de crédit d'impôt pour l'édition de livres
Gestion SODEC

Imprimé au Canada

Que le paradis règne sur terre
par l'amour que nous nous portons
à nous-mêmes,
par l'amour que nous nous portons
les uns les autres,
par l'amour que nous portons
à notre planète.

TABLE DES MATIÈRES

L'effet lune de miel
est un état de béatitude,
de passion,
d'énergie
et de santé
qui résulte d'un amour immense.
Votre vie est si belle
que vous êtes impatient
de vous lever
pour entamer une nouvelle journée
et remercier
l'univers d'être en vie.

INTRODUCTION

Toute une vie sans amour n'est rien.
L'amour est l'eau de la vie.
Buvez-la de tout votre cœur et de toute votre âme.

— Rumi

Quand j'étais jeune, si quelqu'un m'avait dit que j'écrirais un jour un livre sur les relations, je lui aurais répliqué qu'il était complètement fou. Je pensais alors que l'amour n'était qu'un rêve mythique entretenu par les poètes et les producteurs hollywoodiens pour que les gens aspirent à quelque chose qu'ils ne pourraient malheureusement jamais avoir. L'amour qui dure toute la vie ? Le bonheur éternel ? Et puis quoi encore !

Comme tout un chacun, j'étais programmé pour permettre à certaines choses de se présenter tout naturellement dans ma vie. Dans ma programmation, l'accent avait été particulièrement mis sur l'éducation. Mes parents lui accordaient une grande valeur, car l'éducation faisait à leurs yeux toute la différence entre la vie d'un cantonnier qui peine à joindre les deux bouts et celle d'un cadre supérieur aux mains douces et à la vie encore plus douce. Ils avaient l'opinion tranchée que « vous ne valez rien dans ce monde si vous n'avez aucune instruction ».

Il n'est donc pas surprenant, vu cette conviction, que mes parents ne regardaient pas à la dépense quand il s'agissait d'élargir mes connaissances. Je me rappelle encore comme si c'était hier être rentré chez moi de la petite école, où je venais de suivre le cours de classe préparatoire de Mme Novak, totalement passionné par le premier regard que j'avais jeté dans le fantastique monde des amibes unicellulaires et des belles algues unicellulaires portant le nom fascinant de spirogyre. Je m'étais précipité dans la maison et j'avais supplié ma mère de m'acheter un microscope. Sans la moindre hésitation, elle m'avait emmené dans un magasin spécialisé et m'avait acheté mon premier microscope. Cette réaction de sa part ne se comparait en rien à celle qu'elle avait eue quand j'avais piqué une crise désespérée pour qu'elle m'achète un chapeau de cow-boy Roy Rogers, un revolver à six coups et un étui à revolver !

Même si j'ai eu ma phase Roy Rogers, c'est tout de même Albert Einstein qui est devenu l'iconique héros de ma jeunesse : il a été pour moi une combinaison de Mickey Mantle*, Cary Grant et Elvis Presley. J'ai toujours adoré la photo de lui où il tirait la langue et où ses cheveux blancs partaient dans tous les sens. J'ai également adoré le voir à la télévision (à peine inventée), dans notre salle de séjour, au coeur d'une émission qui le présentait comme un grand-père avisé et joueur.

Mais surtout, j'ai tiré une grande fierté du fait qu'Einstein, un immigrant juif comme mon père, avait surmonté les préjugés sociaux par son brillant esprit scientifique. En grandissant dans le comté de Westchester, dans l'État de New York, je me suis parfois senti comme un paria. Certains parents de notre ville refusaient de laisser leurs

* Joueur de baseball américain.

gamins jouer avec moi de peur que je leur transmette le « virus » du bolchevisme. Le fait qu'Einstein, loin d'être un paria, était un homme juif respecté et honoré dans le monde entier me rendait fier et me sécurisait.

De bons professeurs, une famille pour qui l'éducation comptait par-dessus tout et ma propre passion à passer des heures derrière un microscope m'ont conduit jusqu'à un doctorat en biologie cellulaire et à un poste titulaire de professeur à l'École de médecine et de santé publique de l'Université du Wisconsin. Ironiquement, ce n'est que lorsque j'ai renoncé à ce poste pour explorer la « nouvelle science », mécanique quantique y comprise, que j'ai commencé à comprendre la nature profonde de la contribution de mon héros d'enfance, Einstein, à notre monde.

Alors que je m'épanouissais sur le plan universitaire, j'étais une figure emblématique de dysfonctionnement dans d'autres domaines, en particulier celui des rapports humains. Je me suis marié dans la vingtaine alors que j'étais trop jeune et émotionnellement trop vert pour m'engager dans une relation significative. Quand j'ai dit à mon père dix ans plus tard que je divorçais, il m'a fortement déconseillé de le faire en me disant : « Le mariage, c'est un commerce. »

Avec le recul, la réaction de mon père tombait sous le sens, car il avait émigré de la Russie en 1919, pays qui était plongé dans la famine, les pogroms et la révolution. La vie pour mon père et sa famille avait été incroyablement difficile et il n'avait été question que de survie. Par conséquent, dans l'esprit de mon père, le mariage consistait en une relation fonctionnelle de partenariat fondée sur la survie, un peu comme cela avait été le cas au XIXe siècle dans le Far West, où les misérables pionniers recrutaient leurs femmes par courrier interposé.

L'union de mes parents reflétait l'attitude « les affaires d'abord » de mon père même si ma mère, née sur le sol américain, ne partageait pas son point de vue. Ma mère et mon père travaillaient ensemble six jours par semaine dans l'entreprise familiale florissante. Par contre, aucun de leurs enfants ne se rappelle les avoir vus s'embrasser ou partager un moment de tendresse. Au début de mon adolescence, il est devenu évident que leur mariage battait de l'aile vu que la colère de ma mère face à une telle relation dénuée d'amour exacerbait l'alcoolisme de mon père. Mon jeune frère, ma jeune sœur et moi nous cachions dans les penderies lorsque les disputes et les invectives ébranlaient notre domicile autrefois paisible. Lorsque mon père et ma mère ont enfin décidé de faire chambre à part, une trêve malaisée s'est installée.

Ainsi que de nombreux parents traditionnels le faisaient dans les années 1950, mes parents sont restés ensemble pour les enfants et ont divorcé seulement une fois que mon plus jeune frère a quitté la maison pour aller à l'université. J'aurais souhaité qu'ils sachent à l'époque que le modèle de relation dysfonctionnelle qu'ils nous offraient nous était beaucoup plus préjudiciable que ne l'aurait été une séparation.

À l'époque, je rejetais la faute de la vie dysfonctionnelle familiale sur mon père. Mais, la maturité aidant, j'ai fini par comprendre que ma mère était tout aussi responsable que mon père du désastre qui avait saboté leurs rapports et l'harmonie familiale. Et plus important encore, j'ai peu à peu compris de quelle manière leur comportement, encodé dans mon inconscient, avait influencé et miné mes efforts à créer des rapports harmonieux avec les femmes que j'avais connues.

Entre-temps, j'ai souffert pendant des années. La dissolution de mon propre mariage m'a émotionnellement dévasté, en particulier parce que mes deux merveilleuses filles, qui sont maintenant des femmes tendres et accomplies, étaient très jeunes. Je me suis senti si dévasté que je me suis juré de ne plus jamais me marier. Convaincu que le véritable amour était un mythe, du moins en ce qui me concernait, chaque jour pendant dix-sept ans je me suis répété ce mantra pendant que je me rasais : « Jamais plus je ne me marierai. Jamais plus je ne me marierai. »

Il va sans dire que je n'étais pas un beau parti ! Mais malgré ce rituel matinal, je ne pouvais ignorer l'impératif biologique qui est le propre de tout organisme, de la moindre cellule à nos corps constitués de 50 trillions de cellules, soit cette pulsion qui pousse tout organisme à établir un contact avec un autre organisme.

Le premier grand amour que j'ai connu était un cliché, celui d'un homme mûr, mais émotionnellement très sous-développé, qui tombe amoureux d'une femme plus jeune et qui entre dans un rapport intense comme ceux des adolescents mus par leurs hormones. Pendant toute une année, j'ai vogué sur un nuage de « philtres d'amour », ces hormones et substances neurochimiques qui couraient dans mon sang et que nous aborderons au chapitre 3. Lorsque mon histoire d'amour d'adolescent s'est abruptement terminée (mon amoureuse m'ayant dit qu'elle avait besoin « d'air » et ayant filé à bicyclette pas très loin pour tomber dans les bras d'un chirurgien cardiovasculaire), j'ai passé une année entière dans ma grande maison vide à me vautrer dans ma souffrance et à me languir de la femme qui m'avait quitté. Le sevrage de but en blanc est une chose horrible, pas seulement pour les héroïnomanes, mais également pour ceux dont la biochimie persiste à raviver les hormones et substances neurochimiques après une histoire d'amour qui a tourné court.

Par une froide journée d'hiver du Wisconsin, alors que j'étais assis seul (comme d'habitude) à ressasser mon histoire d'amour avec la femme qui m'avait quitté, j'ai soudainement pensé : *Bon Dieu! laisse-moi tranquille!* Une petite voix avisée qui fait occasionnellement son apparition dans les moments charnières de ma vie a répondu : «Bruce, n'est-ce pas exactement ce qu'elle a fait?» J'ai éclaté de rire, ce qui a rompu le charme. À partir de cet instant, chaque fois que je commençais à faire de l'obsession, je me mettais à rire. J'ai finalement réussi à passer à travers ce sevrage grâce au rire, même si j'avais encore du chemin à parcourir pour recoller les morceaux!

La longueur de ce chemin est devenue évidente à mes yeux lorsque je suis parti m'installer dans les Caraïbes pour enseigner dans une École de médecine en dehors du continent. J'habitais le plus bel endroit sur terre, dans une villa près de la mer, et j'étais entouré de magnifiques fleurs au parfum enivrant. La villa m'avait même été fournie avec un jardinier et un cuisinier. Je voulais donc partager ma nouvelle vie avec quelqu'un (sans toutefois me marier ainsi que mon mantra matinal me l'ordonnait chaque matin). Je désirais davantage qu'une partenaire sexuelle. Je voulais quelqu'un avec qui partager ma vie nouvelle dans ce plus bel endroit de la Terre. Mais plus je cherchais cette femme, moins je la trouvais, même si j'avais ce que je pensais être le meilleur hameçon du monde : «Si vous n'avez rien à faire, pourquoi ne viendriez-vous pas passer un peu de temps en ma compagnie dans ma villa des Caraïbes?»

Un soir, j'ai donc lancé ma question magique qui aurait dû réussir à tout coup sur une femme qui venait juste d'arriver à la Grenade, l'île de rêve que j'en étais venu à aimer. Nous sommes allés nous installer au bar du club nautique pour bavarder. Comme je la trouvais intéressante, je lui ai demandé de rester sur l'île un certain temps au lieu d'aller reprendre son travail sur un yacht. Elle m'a regardé droit dans les yeux et m'a dit : «Non, je ne pourrais jamais être en relation avec vous. Vous êtes trop en manque sur le plan affectif. » J'ai encaissé le coup, m'appuyant en silence contre le dossier de mon fauteuil. Après un long moment de stupéfaction, j'ai retrouvé la parole et j'ai réussi à dire : « Merci. J'avais besoin d'entendre ça. » Non seulement je savais qu'elle avait raison, mais je savais qu'il fallait que je recolle les morceaux de ma vie avant de pouvoir trouver la véritable relation amoureuse à laquelle j'aspirais si désespérément.

Puis, quelque chose de drôle est arrivé : dès que j'ai eu renoncé à ma quête désespérée de relation, des femmes voulant se mettre en relation avec moi sont peu à peu apparues dans ma vie. À un moment donné, la véritable inspiration à l'origine de cet ouvrage, ma bien-aimée Margaret, est entrée dans ma vie et nous avons vécu nos vies comme celles des comédies romantiques que j'avais autrefois mises de côté parce que je les trouvais irréelles.

Mais j'anticipe. Tout d'abord, il m'a fallu apprendre que je n'étais pas « destiné » à rester seul, que je n'étais pas « condamné » à me contenter d'une série de relations ratées. Il m'a fallu apprendre que non seulement j'avais créé chaque relation qui avait échoué, mais aussi que je pouvais créer la merveilleuse relation que je désirais !

La première étape de cette démarche a eu lieu dans les Caraïbes, où j'ai fait l'expérience scientifique et révélatrice que je décris dans mon premier livre, *Biologie des croyances* [Éditions Ariane]. Alors que je me penchais sur ma recherche cellulaire, j'ai réalisé que les cellules ne sont pas contrôlées par les gènes, pas plus que nous ne le sommes. Cet *eurêka* a marqué le début de ma transformation, ainsi que je l'ai décrit dans ce livre. Le savant agnostique que j'étais est devenu un savant qui cite Rumi et qui croit que nous avons tous le potentiel de créer notre propre paradis sur terre et que la vie éternelle transcende le corps.

Cet *eurêka* a également marqué le début d'une autre transformation. Le sceptique allergique au mariage est devenu un adulte qui a enfin assumé la responsabilité de tous les échecs relationnels de sa vie et qui a pris conscience de la possibilité de créer la relation de ses rêves. Dans ce livre-ci, je parlerai de cette transformation en me servant des données scientifiques mises de l'avant dans *Biologie des croyances* (et plus). J'expliquerai pourquoi ce ne sont pas vos hormones, vos neurotransmetteurs, vos gènes ou votre éducation peu édifiante qui vous empêchent de créer les relations que vous dites vouloir. Ce sont vos *croyances* qui vous empêchent de connaître ces insaisissables relations d'amour. Par conséquent, si vous modifiez vos croyances, vous modifiez vos rapports.

Bien sûr, c'est un peu plus compliqué que ça parce que, dans une relation entre deux personnes, il y a en fait quatre cerveaux à l'œuvre. À moins de comprendre comment ces quatre cerveaux peuvent fonctionner l'un contre l'autre, même avec la meilleure des intentions, vous chercherez l'amour aux mauvais endroits. C'est la raison pour laquelle, même si les livres de développement personnel et les thérapies suscitent des prises de conscience, ils n'engendrent pas de véritable changement. Ils ne font appel qu'à deux des quatre cerveaux qui sont à l'œuvre dans les relations!

Repensez un peu à la relation amoureuse la plus spectaculaire de votre vie, à la personne dont vous étiez éperdument amoureux ou amoureuse. Vous faisiez l'amour pendant des jours et des jours, vous ne mangiez pas et buviez à peine, et vous aviez pourtant de l'énergie à revendre. C'était l'effet lune de miel qui devait durer éternellement. Mais le plus souvent, toutefois, la lune de miel se métamorphose en chamailleries quotidiennes, peut-être en divorce ou bien tout juste en tolérance. La bonne nouvelle, c'est que la relation ne doit pas forcément se terminer ainsi.

Peut-être pensez-vous que ce grand amour n'était au mieux qu'une coïncidence et, au pire, qu'une illusion, ou que l'effondrement de ce grand amour était un coup de malchance. Dans ce livre, je vais cependant vous expliquer comment vous avez créé cet effet lune de miel dans votre vie et comment vous l'avez détruit. Une fois que vous saurez comment vous l'avez créé et comment vous l'avez détruit, vous pourrez comme moi cesser de vous plaindre de votre mauvais karma dans les relations et créer une relation heureuse et durable que même les producteurs hollywoodiens aimeraient.

Après des décennies d'échec, c'est ce que j'ai finalement réussi à manifester ! Puisque tellement de gens nous demandaient à Margaret et à moi comment nous avions fait, nous vous confierons dans l'Épilogue de quelle manière nous maintenons notre effet lune de miel depuis plus de dix-sept ans, et ce n'est pas fini. Nous voulons vous faire part de notre histoire parce que l'amour est le plus puissant facteur de croissance pour les êtres humains et qu'il est contagieux ! Ainsi que vous vous en rendrez compte lorsque vous créerez l'effet lune de miel dans votre propre vie, vous attirez des gens qui sont sur la même longueur d'onde que vous. Plus on est de fous, plus on rit ! Mettons en pratique ce conseil vieux de huit siècles, de Rumi, et délectons-nous les uns les autres de l'amour que nous nous portons afin que cette planète puisse enfin devenir un meilleur endroit, un lieu où tous les êtres vivants pourront vivre leur paradis. J'espère que cet ouvrage vous entraînera dans un périple, comme l'a fait pour moi ce moment de révélation dans les Caraïbes, et qu'il vous permettra de créer l'effet lune de miel chaque jour de votre vie.

CHAPITRE 1

Notre propension à nous lier aux autres

Notre imagination ne peut concevoir une seule forme de vie qui existe seule et indépendamment du reste, sans être liée à d'autres formes de vie.

— Lewis Thomas

Si vous avez survécu à de multiples échecs relationnels, il se peut que vous vous demandiez pourquoi vous continuez d'essayer. Je peux vous assurer que vous ne persistez pas uniquement pour les bons moments (parfois brefs). Pas plus que vous ne persistez parce que la publicité à la télévision vous montre des couples amoureux sur des îles exotiques. Vous persistez en dépit de vos antécédents et des statistiques déprimantes sur le divorce parce que vous êtes fait pour vous lier aux autres. Les humains ne sont pas faits pour vivre seuls.

Il existe chez vous et chez tout autre organisme de cette planète un impératif biologique qui pousse à vivre en communauté, à être en rapport avec d'autres organismes. Que vous y pensiez en toute conscience ou pas, c'est votre biologie qui vous incite à vous lier aux autres. En fait, le rassemblement d'individus en communauté (qui débute par deux personnes) est un principe moteur qui dirige l'évolution biologique, phénomène que je qualifie *d'évolution spontanée* et dont je parle en détail dans l'ouvrage qui porte ce même nom[1].

Bien entendu, des impératifs biologiques additionnels destinés à assurer la survie de l'individu et de l'espèce existent : le besoin de nourriture, de rapports sexuels, de développement, de protection, et l'inexplicable et féroce besoin de se battre pour vivre. Nous ne savons ni où ni comment la volonté de vivre est programmée dans nos cellules, mais il est vrai qu'aucun organisme ne renonce facilement à sa vie. Lorsque vous essayez de tuer la bactérie, le plus primitif des organismes, elle ne vous dit pas : « C'est bon, j'attends que tu me tues. » Au contraire, elle tente toutes les manœuvres possibles pour se dérober et assurer sa survie.

Lorsque nos besoins biologiques ne sont pas comblés, lorsque notre survie est menacée, une sensation se produit dans notre plexus solaire qui nous dit que quelque chose ne tourne pas rond, et ce, avant même que notre conscient comprenne de quoi est fait le danger. Cette sensation est aujourd'hui présente dans le monde entier alors que nous sommes nombreux à nous demander si notre planète, dont l'environnement est si endommagé, peut survivre et si les humains qui l'ont endommagée peuvent eux aussi survivre. La majeure partie de ce livre se concentre sur la façon dont les humains peuvent individuellement créer des relations ou bien en raviver d'anciennes pour en faire de petits bijoux. Par contre, j'expliquerai dans le dernier chapitre comment l'énergie engendrée par des relations de type « paradis sur terre » peut guérir notre planète et sauver notre espèce.

La marche est haute, je vous le concède, mais nous disposons d'un modèle extrêmement réussi en ce qui concerne la création de relations nourrissantes devant finalement se traduire par la guérison de notre planète. Ainsi que les anciens mystiques le disaient, « les réponses sont en nous ». La collaboration qui existe entre les trillions de cellules qui constituent tout être humain indique bien la nature et la force de ces rapports harmonieux. Ce concept peut vous sembler étrange de prime abord parce que, lorsque vous vous regardez dans la glace, vous concluez logiquement que vous n'êtes qu'un seul et unique élément. Mais cela est une magistrale fausse idée ! Un être humain est en fait une « collectivité » composée de 50 trillions de cellules sensibles à l'intérieur d'une boîte de Petri recouverte de peau. Je traiterai davantage de ce concept surprenant au chapitre 3.

En tant que biologiste cellulaire, j'ai passé de nombreuses heures à étudier avec grand plaisir le comportement et le sort des cellules souches dans de telles boîtes à culture en plastique. Les trillions de cellules qui se trouvent sous la peau de chaque corps vivent bien plus en harmonie que les couples qui se querellent et les collectivités humaines qui se déchirent. Voilà donc une excellente raison pour en tirer des leçons précieuses : 50 trillions de cellules sensibles, 50 trillions de citoyens vivant ensemble paisiblement dans une collectivité hautement complexe. Toutes les cellules ont un boulot. Toutes profiteront de soins de santé, de protection et d'une économie viable fondée sur un échange de cellules d'adénosine triphosphate (ATP), ces unités d'énergie que les biologistes qualifient souvent « d'espèces sonnantes et trébuchantes ». En comparaison, le boulot de l'humanité — qui consiste à imaginer la logistique permettant à un nombre relativement dérisoire de sept milliards d'humains de fonctionner ensemble dans l'harmonie—peut sembler aisé. Et comparé à la collectivité des 50 trillions de cellules du corps humain qui fonctionnent ensemble en harmonie, le travail de chaque couple—qui consiste à trouver comment deux êtres humains peuvent communiquer et fonctionner ensemble dans l'harmonie—semble être du gâteau (même si je sais que parfois cela apparaît comme le plus grand défi qui soit sur terre).

Je vous concède que les organismes unicellulaires, qui ont été la première forme de vie sur cette planète, ont passé énormément de temps—presque trois milliards d'années—à trouver la façon de se lier les uns aux autres. Même à moi, il ne m'a pas fallu aussi longtemps ! Et lorsqu'ils ont commencé à le faire et à créer des formes de vie multicellulaires, ils se sont tout d'abord organisés en communautés indépendantes, en colonies d'organismes unicellulaires. Mais l'avantage de vivre en communauté, sur le plan de l'évolution (plus de conscience du milieu ambiant et une charge de travail partagée), a donné lieu à des organismes structurés composés de millions, de milliards et de trillions de cellules indépendantes socialement interactives.

Ces collectivités multicellulaires varient en taille. Elles peuvent être microscopiques ou se voir facilement à l'œil nu : une bactérie, une amibe, une fourmi, un chien, un être humain, etc. Eh oui, même les bactéries ne vivent pas seules. Elles forment des communautés dispersées qui communiquent constamment par le truchement de signaux chimiques et de virus.

Une fois que les cellules ont compris comment fonctionner ensemble pour créer des organismes de toutes tailles et de toutes formes, les organismes multicellulaires nouvellement créés ont eux aussi commencé à se regrouper en communautés. Par exemple, à l'échelle macroscopique, le tremble *(Populus tremuloides)* constitue un superorganisme qui est fait de grands peuplements d'arbres génétiquement identiques (techniquement, des pseudotroncs) reliés par un seul et même système souterrain de racines. Le plus grand de ces peuplements, qui mesure 43 hectares, se trouve dans l'État de l'Utah. Il a été surnommé Pando par les experts, qui prétendent que c'est le plus grand organisme du monde.

La nature sociale des sociétés composées de nombreux organismes vivant en harmonie peut nous fournir des indices fondamentaux directement applicables à la civilisation humaine. Un bel exemple en est la fourmi, qui, à l'instar de l'être humain, est un organisme social multicellulaire. Si vous isolez une fourmi de sa colonie, elle mourra. En fait, une fourmi est déjà un sous-organisme. Le véritable organisme est en réalité la colonie de fourmis. Lewis Thomas a donné la description suivante des fourmis : «Les fourmis ressemblent tellement aux humains que cela en est gênant. Elles cultivent des champignons, elles élèvent des pucerons comme bétail, elles lèvent des armées pour faire la guerre, elles se servent de vaporisation chimique pour donner l'alarme et semer la confusion chez l'ennemi, elles capturent des esclaves, font travailler les enfants et échangent sans cesse de l'information. Elles font tout, sauf regarder la télévision[2]. »

La pulsion naturelle à se rassembler s'observe facilement chez les mammifères, entre autres chez les chevaux. Les poulains turbulents tournent autour de leurs parents et les agacent comme le font les enfants. Pour calmer leurs rejetons, les parents utilisent un renforcement négatif en les mordillant. Si ces petits mordillements ne fonctionnent pas, les parents passent à la punition la plus efficace qui soit : ils forcent le poulain turbulent à s'isoler du groupe et ne l'y laissent pas revenir. Il s'agit en fait de la punition par excellence pour le poulain le plus récalcitrant et le plus vif. En effet, il fera tout pour rejoindre son groupe.

En ce qui concerne les communautés humaines, nous pouvons nous en sortir tout seuls beaucoup plus longtemps qu'une fourmi isolée ne le peut, mais nous deviendrons sans doute fous. Un film me revient à l'esprit, *Seul au monde,* où Tom Hanks joue le rôle d'un homme qui se retrouve seul sur une île de l'océan Pacifique Sud. Il se sert de sa main ensanglantée pour dessiner un visage sur un ballon de volley-ball qu'il surnomme « Wilson » afin d'avoir quelqu'un à qui parler. Finalement, après quatre ans, il prend le risque de quitter l'île sur un radeau de fortune car il préfère mourir en essayant de trouver quelqu'un avec qui communiquer plutôt que de rester tout seul sur son île, même s'il a trouvé la façon de se procurer de quoi manger et boire, c'est-à-dire de quoi survivre.

La plupart des gens pensent que la propension à se multiplier est le plus fondamental des besoins biologiques chez les humains. Il ne fait aucun doute que la reproduction est quelque chose de fondamental pour la survie de l'espèce. C'est la raison pour laquelle les rapports sexuels sont si agréables pour la plupart d'entre nous. La nature voulait s'assurer que les humains avaient le désir de procréer et de pérenniser leur espèce. Mais, dans ce film, Tom Hanks ne s'aventure pas loin de son île pour procréer, mais pour communiquer avec quelqu'un d'autre que son ballon de volley-ball.

Pour les humains, le regroupement en paires, ce que les biologistes appellent le couple, concerne autre chose que l'accouplement seulement en vue de la procréation. Dans une conférence intitulée « Le caractère unique de l'humain », le neurobiologiste et primatologue Robert M. Sapolsky explique comment les humains sont uniques à cet égard :

> Parfois, le défi consiste à devoir composer avec quelque chose qui est tout bonnement unique, qui ne se retrouve nulle part ailleurs dans le monde animal. Laissez-moi vous en donner un exemple. Un exemple choquant. Bon. Il s'agit d'un couple. Elle et lui rentrent chez eux à la fin de la journée. Ils discutent. Ils mangent. Ils parlent. Ils vont se coucher. Ils font l'amour. Ils parlent encore un peu. Ils dorment. Le jour suivant, ils refont exactement la même chose. Ils rentrent du travail. Ils discutent. Ils mangent. Ils parlent. Ils vont au lit. Ils font l'amour. Ils parlent encore. Ils tombent endormis. Et ils font ça pendant trente jours d'affilée. Une girafe serait répugnée par ce genre de chose. Dans la nature, aucune espèce ne s'accouple pour le plaisir jour après jour et aucune n'en parle après[3].

Chez les humains, le rapport sexuel en vue de la procréation est crucial jusqu'à ce que la population se stabilise. Lorsque les populations humaines atteignent un état d'équilibre et de sécurité, les rapports sexuels en vue de la procréation diminuent. Aux États-Unis, pays où la plupart des parents s'attendent à ce que leurs enfants survivent et à ce qu'eux-mêmes ne se retrouvent pas à la rue sans un sou quand ils seront vieux, le nombre moyen d'enfants par famille est moins de deux. Cependant, toute population qui est menacée se mettra à procréer à un plus jeune âge et de façon plus active. Inconsciemment, ces gens calculent que certains de leurs enfants ne survivront pas et qu'il leur faudra plus de deux enfants pour assumer la charge de travail lorsqu'il s'agira de prendre soin d'eux quand ils seront vieux. En Inde, par exemple, bien que le taux de fertilité soit passé de 19% à 2,2% en dix ans, dans les zones les plus pauvres où les familles doivent relever de grands défis pour survivre, le taux peut être trois fois plus élevé.

Mais même dans les sociétés où la pulsion à procréer est réduite, il y a tout de même encore une propension à se mettre en couple parce que la pulsion à se lier aux autres dépasse le besoin de procréer. Les couples n'ayant pas d'enfant peuvent créer de formidables rapports et nombre d'entre eux prennent consciemment la décision de ne pas avoir d'enfant. Dans l'ouvrage de Laura S. Scott, *Two is Enough : A Couple's Guide to Living Childless by Choice* («Deux, ça suffit : guide pour les couples qui décident de ne pas avoir d'enfant»), l'auteure détaille les raisons qui font que certains renoncent à la procréation. Elle commence son livre par une conversation qu'elle a eue avec le mari d'une amie, qui venait tout juste de devenir papa pour la première fois.

> «Alors, pourquoi t'es-tu mariée si tu ne voulais pas avoir d'enfant?» Euh... par amour... pour avoir un compagnon, laissai-je échapper. Sa question m'avait prise par surprise et les mots me manquaient, ce qui ne m'arrivait pas souvent. Il inclina la tête pour avoir plus d'explications, animé d'une authentique curiosité. À cet instant-là, je compris à quel point je devais lui être apparue étrange. C'était un homme qui ne pouvait imaginer la vie sans enfant et qui essayait de comprendre une personne qui ne pouvait imaginer la vie avec des enfants[4].

Laura Scott a donc entamé des recherches sur le sujet et découvert que, selon un recensement effectué en l'an 2000, 30 millions de couples mariés aux États-Unis n'ont pas d'enfant et que le Bureau du recensement a prévu que les couples mariés avec enfants ne représenteraient pas plus de 20% des foyers en 2010[5]. Laura Scott a elle-même fait son propre sondage auprès de couples ayant choisi de ne pas avoir d'enfant et a découvert qu'un des motifs importants ayant déterminé ce choix était la valeur qu'ils accordaient à leur relation. Un des maris interrogés a émis le commentaire suivant : «Nous avons une relation d'amour heureuse et satisfaisante. Il est rassurant de penser que la dynamique relationnelle avec ma femme ne changera pas[6]. »

Si davantage de gens réalisaient que la formation en couples chez les organismes supérieurs concerne fondamentalement le lien avec l'autre et pas seulement la pulsion à procréer, il y aurait beaucoup moins de préjugés contre l'homosexualité. En fait, l'homosexualité est naturelle et commune dans le royaume animal. En 2009, dans un compte-rendu de documents scientifiques, les biologistes de l'Université de Californie à Riverside, Nathan W. Bailey et Marlene Zuk, qui préconisaient des recherches plus poussées sur le facteur évolutif propre au comportement homosexuel, avançaient que «la variété et l'omniprésence du comportement homosexuel chez les animaux sont impressionnantes. On a observé des milliers de cas de parades amoureuses chez des animaux de même sexe, de couples et d'accouplements dans un vaste échantillonnage d'animaux—mammifères, oiseaux, reptiles, amphibiens, insectes, mollusques et nématodes compris[7]». Par exemple, chez les mouettes argentées, 21 % des femelles se lient avec une autre femelle au moins une fois dans leur vie et 10 % sont exclusivement lesbiennes[8].

Étant donné que nous sommes poussés à établir des liens avec autrui, que ces liens soient de nature homosexuelle ou hétérosexuelle, nous devons comprendre de quelle façon la nature a voulu que nous nous liions, ce qui est le thème de cet ouvrage. À moins de parfaitement apprendre à nous lier à autrui, comment pouvons-nous suivre l'exemple des cellules pour créer de grandes collectivités harmonieuses? À moins de parfaitement apprendre à mieux nous lier à autrui, la prochaine étape de notre évolution, celle où les humains devraient se rassembler pour former le vaste superorganisme qu'est l'humanité, sera reportée. Si les fourmis peuvent le faire, les humains le peuvent aussi!

La bonne nouvelle, c'est que l'histoire de l'évolution n'est pas seulement celle de la survie de collectivités bien tricotées, mais aussi l'histoire de schémas qui se répètent et qui peuvent être compris grâce à la géométrie, cet élément des mathématiques qui structure l'espace. Les humains n'ont pas créé la géométrie. Ils y sont arrivés en étudiant la structure de l'univers parce que celui-ci permet de comprendre l'organisation de la nature. Ainsi que l'a écrit Platon, « la géométrie existait avant la création ».

Les schémas répétitifs de la nouvelle géométrie, la *géométrie fractale,* livrent une information surprenante quant à la nature de la structure de l'univers. Même si nous savons dans notre plexus solaire que nous sommes en crise, la géométrie fractale ne laisse planer aucun doute sur le fait, comme je l'expliquerai plus loin, que la planète s'est déjà trouvée en très mauvaise posture. Et chaque fois, même si certaines espèces en ont fait les frais chemin faisant (les dinosaures étant la plus connue), quelque chose de mieux est ressorti de cette mauvaise passe.

Les calculs mathématiques mis en œuvre avec la géométrie fractale sont en réalité très simples. Les équations font seulement appel à la multiplication, l'addition et la soustraction. Quand une de ces équations est résolue, la réponse est intégrée dans l'équation d'origine et résolue de nouveau. Ce schéma de récurrence peut se répéter à l'infini. Lorsque les équations fractales sont résolues à répétition plus d'un million de fois (ce qui est rendu possible grâce à l'avènement d'ordinateurs très puissants), des motifs géométriques apparaissent visuellement. Il s'avère qu'une caractéristique inhérente à la géométrie fractale est la création de motifs similaires qui se répètent à l'infini et qui sont imbriqués les uns dans les autres. La traditionnelle poupée russe est le parfait exemple concret des motifs fractaux. Symbole de maternité et de fertilité, cette poupée est en fait constituée d'une série de poupées en bois de taille décroissante qui s'emboîtent les unes dans les autres. Chaque poupée est une réplique miniature des plus grandes, sans en être nécessairement la réplique exacte.

À l'instar des poupées russes, les schémas répétitifs de la nature font que l'organisation fractale de cette dernière est évidente. Par exemple, les formes des branches secondaires partant d'une branche d'arbre ressemblent à celles des branches principales partant du tronc. Le modèle d'une grande rivière est semblable à celui de ses affluents, plus petits. Dans un poumon humain, la forme des embranchements le long de la bronche principale se répète dans les bronchioles. Peu importe la complexité des organismes, ils présentent toujours des schémas répétitifs.

Cette répétition aide à rendre le monde naturel plus compréhensible. Malgré l'évolution de la complexité grandissante de la structure des collectivités multicellulaires fonctionnelles, le fait surprenant, en ce qui concerne la physiologie humaine—l'organisme qui est censé être au sommet de l'échelle de l'évolution—, est qu'il n'existe aucune fonction qui ne soit pas déjà présente dans les cellules simples au bas de l'échelle de l'évolution. Les systèmes digestif, cardiovasculaire, nerveux et les émonctoires, et même le système immunitaire, se retrouvent dans presque chaque cellule de notre corps. Indiquez-moi une fonction de votre corps et je vous montrerai d'où elle provient dans une cellule individuelle. Les schémas répétitifs fractaux veulent donc dire que tout ce que nous apprenons des organismes simples de la nature s'applique aux organes plus complexes, ainsi qu'à nous, les humains. Par conséquent, si vous voulez comprendre la nature de l'univers, point besoin de vous attaquer au tableau d'ensemble. Il vous suffit d'étudier ses composantes, ainsi que je l'ai fait quand j'étais un biologiste de la cellule. Les schémas répétitifs de la géométrie fractale fournissent un cadre de travail scientifique au principe que les mystiques ont décrit par l'expression « ce qui est en haut est comme ce qui est en bas ». Nous faisons donc à l'évidence partie intégrante de l'univers. Nous ne sommes pas une pièce rapportée dont le boulot est de conquérir la nature.

Une biosphère bâtie en fonction des schémas répétitifs de la géométrie fractale permet également de prévoir le futur de l'évolution en observant son histoire. La théorie darwinienne traditionnelle soutient au contraire que l'évolution est déclenchée par des mutations aléatoires, autrement dit par des accidents génétiques, ce qui signifie que nous ne pouvons pas prévoir le futur. Mais si nous emboîtons le pas aux cellules, notre futur devrait se caractériser par davantage de coopération et d'harmonie. Ainsi, les humains, à commencer par les couples, pourront apprendre à coopérer pour former un organisme évolué plus vaste que l'on appelle humanité.

Au lieu de gaspiller notre énergie à rejeter la faute sur la malchance pour l'échec de nos relations, nous devons reconnaître que nos efforts pour nous lier aux autres constituent le moteur fondamental de la nature et que ces liens peuvent s'établir dans l'harmonie et la coopération. Nous devons observer le sage conseil de Rumi : « Hier, j'étais intelligent parce que je voulais changer le monde. Aujourd'hui, je suis avisé parce que je veux me changer moi. » Lorsque nous vivons en harmonie avec la nature et avec nous-mêmes, nous pouvons instaurer l'effet lune de miel dans notre vie, ce qui nous permet de fonder nos rapports sur l'amour, la coopération et la communication. Au chapitre suivant, nous nous pencherons sur la forme la plus fondamentale de communication parmi les organismes : l'énergie vibratoire.

CHAPITRE 2

De bonnes vibrations

Je crois sincèrement qu'il existe dans la nature un magnétisme subtil qui, si nous le laissons faire, nous amène dans la bonne direction.

— HENRY DAVID THOREAU

Je vivais au paradis, loin des tracas juridiques et financiers qui avaient envahi ma vie. Mais j'ai fait l'erreur qu'aucun mammifère non humain se respectant n'aurait faite. Une gazelle hésite-t-elle lorsqu'elle sent la présence d'une lionne ? Gambade-t-elle vers la lionne pour lui demander si elle est son amie ? Bien sûr que non ! Dès qu'elle sent la présence de la lionne, elle détale à une vitesse phénoménale, qui peut aller jusqu'à 80 kilomètres à l'heure, pour éviter de constituer le repas du félin.

Mais lorsqu'un prédateur humain qui me donnait la chair de poule a emménagé deux portes plus loin, qu'ai-je fait ? Ai-je pris la teinte vert olive de sa peau comme un avertissement ? Ai-je pris l'affolement de mes battements cardiaques d'homme traqué dans une ruelle sombre comme un avertissement? Ai-je pris l'impression diabolique que j'avais invariablement de lui lorsque je le voyais, comme un signe de me tenir loin de lui?

Non. Au lieu de cela, je me suis fait violence pour mettre de côté cette aversion viscérale que j'avais pour lui. Après tout, n'étais-je pas en train de devenir un scientifique spirituellement éclairé alors que j'avais été un professeur agnostique? Étant donné que je me concentrais sur la pensée positive, cela voulait dire que je ne voulais pas envisager ni reconnaître le fait qu'il existe des prédateurs humains. J'essayais également de mettre l'accent sur le pardon. En plus de me rappeler le diable, cet homme avait un aspect physique très semblable à celui d'un homme qui m'avait traîné devant les tribunaux, quelqu'un qui lâcherait le morceau si je m'efforçais de lui pardonner. C'est du moins ce que je pensais à l'époque. (Je ne m'étendrai pas sur le sujet. Le pardon n'a pas fonctionné dans ce cas.) Je combattais donc mon aversion pour ce voisin en parlant de tout et de rien avec lui. Je m'efforçais d'être civil avec lui et j'ai réussi à l'être. Mon esprit rationalisait l'angoisse que je ressentais chaque fois que je le voyais, chose que je prenais pour une sorte de pénitence du Nouvel-Âge.

Environ un an après cette rencontre avec mon prédateur de voisin, les déménageurs sont venus emballer mes effets personnels puisque je quittais la Barbade pour la Grenade. Lorsque l'École de médecine où j'enseignais m'a transféré, je me suis dit que ma bienveillance avait été récompensée de deux façons. Tout d'abord et surtout, j'étais enchanté de ne jamais revoir cet homme qui me donnait encore la chair de poule. Ensuite, je me suis dit que mon instinct devait m'avoir joué un tour, car il s'est pointé pour m'aider à charger *toutes* mes possessions (sauf une valise qui contenait de quoi faire un rapide retour aux États-Unis) dans le camion, y compris mon équipement de photographie haut de gamme. *Il n'était donc pas un si mauvais gars que ça après tout,* me disait ma raison. Mais pendant tout ce temps, mon cœur battait la chamade et voulait uniquement s'enfuir !

La vérité s'est abattue sur moi lorsque je suis revenu dans les Caraïbes et que j'ai appris (après avoir harcelé les déménageurs pendant plusieurs jours) que mes affaires n'arriveraient jamais à bon port. Mon prédateur de voisin s'était rendu au bureau de la compagnie de déménagement le lendemain de mon départ de la Barbade, avait annulé l'expédition, s'était fait rembourser *mon* argent, avait volé tous mes effets personnels et avait disparu. Ce qui était censé être une leçon de pardon et de pensée positive a fini par devenir une leçon sur la manière de composer avec la perte de tout ce que je possédais. Une fois de plus. C'était la quatrième fois que je perdais toutes mes possessions et, je l'espérais, la dernière. Oui, vous l'avez compris, j'ai eu une vie assez agitée !

Mais ce qui est très pertinent pour ce chapitre, c'est que la perte de mes possessions m'a appris avec difficulté qu'il est très important de faire confiance à son instinct quand il est question de « mauvaises vibrations » et de « bonnes vibrations ». Tous les organismes de cette planète se servent des vibrations (autrement dit de l'énergie) comme moyen premier de communication. J'ai appris à la dure que le fait d'ignorer ce moyen premier de communication est une monumentale erreur, une erreur que nous les humains faisons tout le temps. Cela revient à dire que nous achetons la tour Eiffel, même si à un certain niveau nous *savons* que nous nous sommes fait avoir. Nous outrepassons nos sensations et nos émotions lorsque notre esprit se focalise sur les *mots*, surtout lorsqu'ils sont prononcés par des escrocs (ou des amants) éloquents.

Le problème avec les mots, même si je les adore, c'est qu'ils peuvent masquer une information énergétique beaucoup plus fiable. Un jour, j'ai entendu une réplique de dialogue dans un film que je regardais à trois heures du matin, juste au moment où je m'assoupissais, une réplique assez mémorable pour me réconforter d'être resté éveillé la moitié de la nuit pour l'entendre : « Le langage est conçu pour cacher les émotions. » Rien de ce que mon voisin m'avait *dit* ne m'avait fait deviner qu'il avait choisi la carrière d'arnaqueur. Rien de ce que j'avais *dit* à mon voisin ne lui avait permis de deviner que j'avais de l'aversion pour lui. Pourtant, malgré tous mes efforts pour me *convaincre du contraire*, je *savais* à un certain niveau ce qui en était parce que je pouvais « lire » son énergie, sentir ses mauvaises vibrations.

Afin de créer l'effet lune de miel dans votre vie, il faudra vous servir de ce merveilleux talent inné, de cette aptitude à percevoir les bonnes et mauvaises vibrations. Et pour y arriver, vous devrez probablement défaire la programmation dont vous avez hérité dans votre jeunesse, bien que ce ne soit pas l'unique programmation dont vous aurez à vous défaire, ainsi que je l'expliquerai au chapitre 4.

Nombre d'entre nous ont appris dès leur plus jeune âge à ignorer les messages énergétiques qu'ils reçoivent : « N'écoute pas tes émotions, écoute les paroles. » Alors, ils se convainquent de ne pas écouter ce qu'ils savent viscéralement, énergétiquement. Ils ignorent les signes avertisseurs du genre : *Il me ment quand il me dit qu'il m'aime.* Étant donné qu'ils se culpabilisent (comme je l'ai fait au sujet de l'aversion que j'avais pour mon voisin), ils se raisonnent et se disent : *Je dois avoir tort parce qu'il dit les bonnes choses et qu'après tout je l'aime et que l'amour bat tout le reste.* Ou bien ils ignorent les bonnes vibrations. *Elle est vraiment formidable, mais ça ne marchera jamais parce qu'elle n'est pas mon genre.*

Si la « lecture » des messages transmis énergétiquement est pour vous un discours un peu trop nouvel âge, dites-vous que ce n'est pas le cas. En fait, il s'agit purement et simplement de physique quantique, de la tendance générale actuelle dans ce domaine. Eh oui, nous sommes enfin arrivés au véritable objet de ce chapitre ! Avant, moi aussi j'aurais pensé qu'il s'agissait de blabla nouvel âge. Comme la plupart des biologistes de ma génération, j'acceptais les principes de la physique newtonienne qui mesurent et décrivent si brillamment le fonctionnement de l'univers matériel. Lorsque Newton a prouvé qu'il pouvait prédire les mouvements du système solaire en utilisant uniquement des données physiques, donc en laissant Dieu en dehors de l'équation, un fossé s'est creusé entre la science et la religion. À l'époque où je faisais mes études scientifiques, ce fossé s'était creusé encore plus. Jusqu'à récemment, les scientifiques se concentraient en général sur l'étude du monde physique et laissaient celle du monde invisible aux adeptes de religion, ce que je n'étais pas.

Avec le recul, je constate que d'autres scientifiques et moi étions incroyablement naïfs de penser que la mécanique de l'univers pouvait être expliquée uniquement par la physique newtonienne traditionnelle, extrêmement rationnelle. Même si les principes newtoniens sont exacts en ce qui concerne le monde matériel, ils ne suffisent pas pour expliquer le monde des bonnes et des mauvaises vibrations, des guérisons miraculeuses, de la communication télépathique et de l'effet lune de miel.

Comme la plupart des biologistes, j'ai mis du temps à me faire au monde postnewtonien. Lorsque j'ai saisi ce qu'était la physique quantique, j'ai réalisé que Max Planck, Werner Heisenberg, mon héros d'enfance Albert Einstein et d'autres penseurs avant-gardistes nous avaient légué une nouvelle physique qui ouvrait la voie sur des forces que nous ne pouvons pas voir, mais qui sont en fait la véritable essence de la vie.

En fait, la physique quantique nous apprend que tout ce qui, pensions-nous, était physique *ne l'est pas*. Tout dans l'univers est composé d'énergie non matérielle et tout émet de l'énergie. C'est un fait accepté par la science que tout atome et toute molécule émettent et absorbent de la lumière (énergie[1]). Étant donné que tous les organismes sont constitués d'atomes et de molécules, vous, moi et n'importe quel autre organisme vivant émettons de l'énergie (des vibrations), y compris mon prédateur de voisin qui émettait le genre d'énergie que j'aurais dû éviter !

Mais, protesterez-vous, le fait que vous vous tenez sur une estrade régulièrement et que vous donnez des conférences sur l'effet lune de miel sans passer *à travers* l'estrade ne prouve-t-il pas que vous êtes un être physique et que l'estrade à travers laquelle vous ne passez pas est de la matière concrète ?

Non, non et non ! Quand je suis sur l'estrade, je me tiens sur des vortex d'énergie qui tourbillonnent, tourbillons qui justement m'évitent de passer à travers l'estrade (même si je suis déjà tombé d'une estrade, mais ça c'est une autre histoire). Et lorsque vous me regardez, le fait que vous voyez un corps physique n'est qu'une illusion. Je n'ai pas de structure physique. Ce que vous voyez, ce sont des photons de lumière qui rebondissent sur moi !

À moins que vous n'ayez déjà des notions de physique quantique, je suis certain de ne pas vous avoir convaincu de renoncer à la croyance que nous vivons dans un monde matériel. Je vous concède que les principes de la physique quantique sont aussi étranges que merveilleux. Par conséquent, je vous expliquerai du mieux que je peux comment il est possible que le monde que nous pensions autrefois matériel ne soit en fait qu'énergie.

À l'origine, la physique newtonienne avançait que l'atome était la plus petite particule de l'univers. En fait, le terme *atome* vient du grec *atomos*, qui signifie « indivisible ». Toutefois, l'année 1895 a été marquée par le début d'une renaissance dans le monde de la physique, renaissance qui devait changer à tout jamais notre compréhension du monde. C'est à cette époque que les physiciens ont commencé à découvrir que les atomes étaient formés de particules encore plus petites. On a d'abord découvert les électrons. Ensuite, les protons et les neutrons. Puis, on a découvert que ces particules subatomiques fondamentales étaient composées d'un paquet de particules encore plus petites qui se comportaient de manière étrange, entre autres des bosons, des fermions et des quarks. La découverte de ces particules encore plus infimes a ouvert la voie au nouveau royaume quantique, dont les caractéristiques bizarres ont confondu les principes traditionnels de la physique newtonienne.

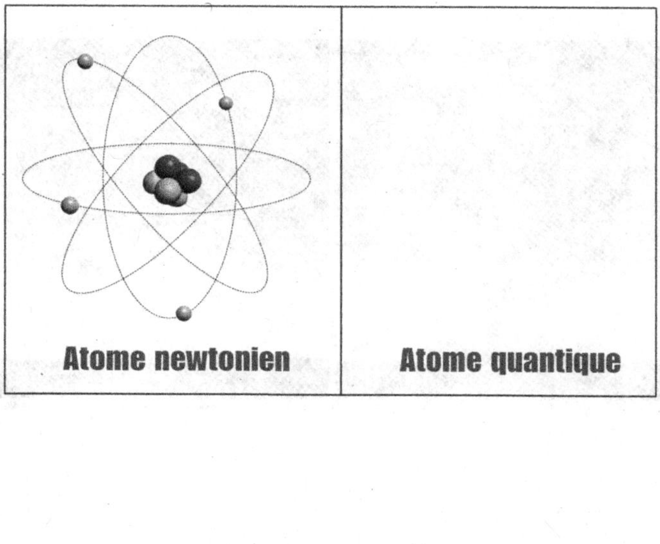

La caractéristique la plus étrange de la physique quantique, c'est que les particules atomiques les plus petites ne sont pas composées de matière, qu'elles ne sont pas physiques du tout. J'adore montrer ces deux images pour expliquer la différence entre l'atome newtonien et l'atome quantique.

L'atome newtonien, à gauche, peut facilement s'illustrer de façon concrète à l'aide de billes et de roulements à billes. C'est le modèle semblable au système solaire (à gauche) que l'on retrouve dans les livres scolaires. Quant à l'illustration de l'atome quantique (à droite), on dirait une erreur graphique. C'est vide. Pourquoi ? Parce que les physiciens quantiques ont appris qu'il n'existe aucune substance dans les atomes. Les sous-unités qui composent les atomes sont faites de vortex d'énergie invisible extrêmement puissants, soit l'équivalent de nanotornades. Ces vortex sont faits d'une matière non tangible. Il s'avère donc que la matière est une forme étrange d'énergie. Elle n'est pas physique.

Pour ceux, scientifiques y compris, qui avaient l'habitude de penser que ce monde est matériel, il s'agit d'un concept difficile à saisir. Pour faciliter les choses, il est bon de visualiser l'énergie d'un atome sous la forme d'une tornade qui fonce sur vous à la vitesse d'une Porsche sur l'autoroute. La raison pour laquelle vous voyez physiquement la tornade dans l'illustration de gauche, c'est parce qu'elle soulève de la poussière et des débris sur son passage.

Éliminez toute la poussière et tous les débris et vous obtiendrez l'image de droite. Il n'y a plus aucune structure physique. Il reste seulement un champ énergétique invisible. Mais si vous poursuiviez votre cavalcade en Porsche à 160 kilomètres à l'heure (ou moins) et que vous arriviez dans ce champ énergétique, vous seriez aux premières loges pour tâter de sa force. Essayer de passer à travers la tornade en voiture serait aussi désastreux et fatal que si vous vous écrasiez sur un mur de pierre, car la force énergétique de la tornade résiste aux forces opposées (la Porsche qui roule à toute vitesse), tout comme le ferait la matière (le mur). En fait, la force générée par les « nanotornades » est significativement plus puissante que celle générée par l'ouragan Katrina. Ce sont ces forces qui m'empêchent de passer à travers l'estrade lorsque je donne une conférence. Je me tiens sur les tourbillons d'énergie des trillions de nanotornades atomiques qui sont sous mes pieds.

Poursuivons alors l'explication des atomes jusqu'à sa conclusion logique. Les atomes sont donc faits d'énergie. Cela veut dire que les molécules, qui sont faites d'atomes, sont également des vortex d'énergie. Par conséquent, les cellules, qui sont composées de molécules, sont également des vortex d'énergie. Et finalement, les êtres humains, tous constitués de trillions de cellules, sont... des *vortex d'énergie*. Il est vrai que nous semblons être de la matière physique, mais c'est une illusion, un tour de passe-passe de la lumière. Nous ne sommes qu'énergie !

Mais qu'est-ce que tout cela a à voir avec notre vie personnelle ? Rien, si l'on s'en tient à la physique traditionnelle selon laquelle les principes de la mécanique quantique s'appliquent seulement au niveau subatomique. Comme moi, certains physiciens soutiennent toutefois que les principes de mécanique quantique ont de profondes répercussions sur notre vie personnelle. Une fois que nous avons accepté le fait que nous sommes fondamentalement des êtres d'énergie inextricablement liés au vaste champ d'énergie dynamique dont nous faisons partie, nous ne pouvons plus nous concevoir comme des individus isolés et impuissants qui ont par hasard tiré le bon numéro de la loterie darwinienne évolutionniste. Ainsi que les mystiques nous le répètent depuis la nuit des temps, tout dans l'univers est interconnecté : « Pour une vague dans l'océan, l'illumination est le moment où elle réalise qu'elle est eau », dit le moine bouddhiste vietnamien Thich Nhat Hanh.

Pour illustrer le fonctionnement du champ invisible d'énergie dont nous faisons partie, ainsi que la façon dont ce fonctionnement affecte notre vie, j'aime me servir d'exemples ordinaires du monde visible. Lorsque vous laissez tomber deux cailloux dans une mare, ils déclenchent de minuscules vagues, des ondes. Ces ondes ne sont pas de l'énergie créée par les cailloux. Elles sont le complément physique de la forme de l'énergie invisible. Les vaguelettes dans l'eau sont créées par la force d'une énergie qui se déplace (rappelez-vous l'analogie entre la tornade et la Porsche) et qui modèle l'eau alors qu'elle se déplace à la surface de la mare.

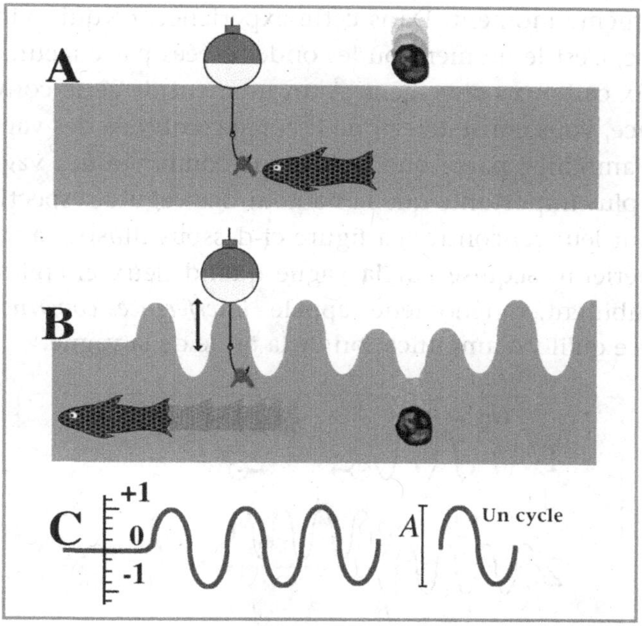

Explication des ondulations sur l'eau : Sur la figure A, on voit un poisson qui s'apprête à attraper le ver sur l'hameçon alors qu'un caillou est sur le point de frapper la surface de l'eau. Une fois que le caillou a frappé l'eau, à la figure B, l'énergie cinétique du caillou est transférée à l'eau et irradie à partir du point d'impact sous la forme d'une succession d'ondulations concentriques. L'énergie en déplacement donne à l'eau la forme de minuscules vagues, mais l'eau elle-même ne se déplace pas. Cela est illustré par le mouvement du bouchon du pêcheur, qui monte et descend verticalement pendant que les vagues passent (voir la flèche). Le fait que le bouchon ne se déplace pas horizontalement avec les ondulations indique que l'eau en dessous du bouchon ne se déplace pas. La silhouette en coupe des ondes révèle que l'énergie se déplace sous forme d'ondulations. La figure C montre la forme des vagues d'énergie. La hauteur et la profondeur des vagues reflètent la puissance de l'énergie. Plus gros sera le caillou, plus il y aura d'énergie transférée à l'eau. La force de l'énergie, telle que mesurée par la magnitude de la vague, est appelée amplitude (A). La fréquence de l'énergie, mesurée en hertz, est déterminée par le nombre de vagues générées à la seconde.

Maintenant, faisons hypothétiquement deux expériences qui prouvent l'interaction énergétique. Tout d'abord, laissons tomber dans la mare deux cailloux de même grosseur, à partir de la même hauteur, et exactement au même moment. Dans cette expérience, ce qui m'intéresse, c'est le moment où les ondes créées par chacun des deux cailloux convergent. À un moment de cette convergence, vous constaterez que la force combinée des vagues est amplifiée parce que la hauteur combinée des vagues est plus importante que la hauteur des vagues respectives avant leur rencontre. La figure ci-dessous illustre la force supérieure acquise par la vague quand deux énergies se combinent, phénomène appelé *interférence constructive* parce qu'il y a amplification de la taille de la vague.

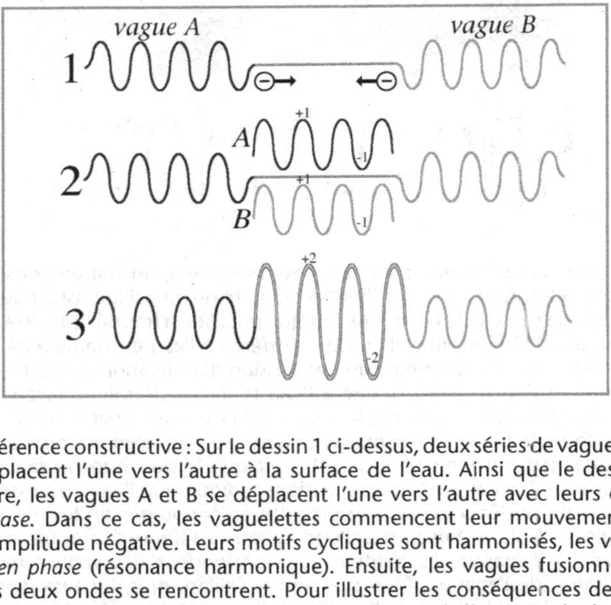

Interférence constructive : Sur le dessin 1 ci-dessus, deux séries de vaguelettes se déplacent l'une vers l'autre à la surface de l'eau. Ainsi que le dessin le montre, les vagues A et B se déplacent l'une vers l'autre avec leurs ondes *en phase*. Dans ce cas, les vaguelettes commencent leur mouvement par une amplitude négative. Leurs motifs cycliques sont harmonisés, les vagues sont *en phase* (résonance harmonique). Ensuite, les vagues fusionnent là où les deux ondes se rencontrent. Pour illustrer les conséquences de cette fusion, les vagues ont été dessinées l'une au-dessus de l'autre sur le dessin 2. Lorsque l'amplitude de la vague A est +1, l'amplitude de la vague B est aussi +1. En additionnant les deux, on obtient une amplitude composée de +2. Inversement, quand l'amplitude de la vague A est -1, celle de la vague B est aussi -1. Leur amplitude combinée donne -2. L'amplitude composée illustrée sur le dessin 3 est un exemple d'*interférence constructive*.

Passons maintenant à la deuxième expérience. Laissons tomber un des cailloux un peu après l'autre. Cette fois, vous ne verrez pas la combinaison amplifiée comme vous l'avez vue dans l'exemple précédent parce que les vaguelettes ne sont pas synchronisées, elles ne sont pas en harmonie. Lorsqu'une vaguelette monte, l'autre descend. Ces vagues d'énergie non synchronisée s'annulent l'une l'autre. Au lieu que l'énergie double, elle est dissipée et, ainsi que vous pouvez le constater dans le diagramme ci-dessous, au lieu que les vagues se soulèvent au point de convergence, elles se calment. Ce phénomène d'annulation de l'énergie ondulatoire s'appelle *interférence destructive,* parce qu'il réduit la taille des vagues.

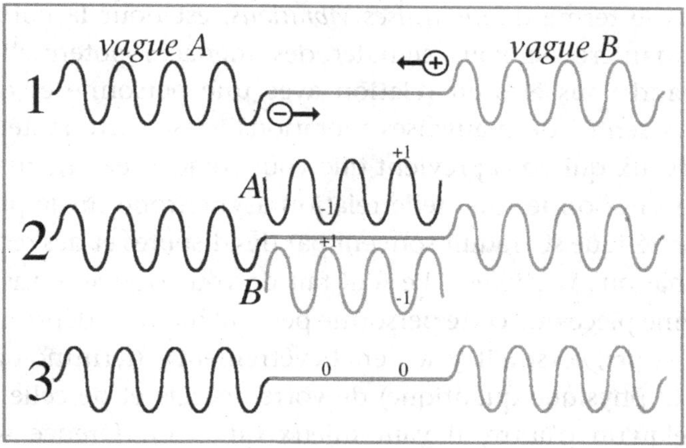

Interférence destructive : Sur le dessin 1, les ondes générées par le premier caillou, appelées vague A, se déplacent de gauche à droite. La vague B se déplace de droite à gauche et représente les ondes générées par un second caillou, lâché un peu après le premier. Étant donné que les cailloux n'ont pas frappé l'eau en même temps, les vagues ne sont pas synchronisées lorsqu'elles se rencontrent. Elles ne sont pas en phase. La vague A mène avec une amplitude négative, alors que la vague B mène avec une amplitude positive. Là où les deux vagues se rencontrent (dessin 2), les vagues sont l'image miroir l'une de l'autre. L'amplitude positive de l'une (+1) correspond à l'amplitude négative de l'autre (-1), et vice-versa. Comme il est indiqué au dessin 3, les amplitudes de chaque vague s'annulent l'une l'autre; ainsi, la combinaison des deux vagues a une amplitude de 0. Il n'y a pas de vague. C'est le calme plat! Cette annulation d'ondes énergétiques est un exemple d'*interférence destructive.*

Pas besoin d'être un spécialiste en relations personnelles ou un physicien quantique pour savoir où je veux en venir. Étant donné la nature de la physique quantique, l'amour se définit comme de l'interférence constructive, comme le bonheur éternel. Il s'agit de *bonnes vibrations*. Les bonnes vibrations sont pour la nature la manière de vous dire que vous êtes au bon endroit ou avec la bonne personne. Le seul fait de vous trouver dans la même pièce qu'un proche qui est en harmonie avec vous stimule votre énergie. Ensemble, vous créez des ondulations qui se combinent pour former des ondes d'énergie plus amples.

Par contre, l'interférence destructive, plus connue sous le terme de *mauvaises vibrations*, est pour la nature la manière de vous signaler des menaces potentielles. Quand vous êtes en relation avec une personne et que vous sentez de mauvaises vibrations, c'est votre système nerveux qui vous prévient que vous fréquentez une mauvaise personne. Une telle relation asynchrone sur le plan énergétique se traduit souvent par des disputes et des récriminations vociférées. Le seul fait de vous trouver dans la même pièce que cette personne peut même vous déprimer.

Alors, lorsqu'il y a « enchevêtrement » (terminologie de la physique quantique) de votre énergie et de celle de quelqu'un d'autre, il vaut mieux que l'interférence soit constructive (bonnes vibrations) que négative (mauvaises vibrations). Vous voulez que l'interaction augmente votre énergie, pas qu'elle la diminue. Maintenant que vous avez compris les notions scientifiques qui sous-tendent un phénomène que vous avez sans aucun doute déjà observé (certaines personnes vous donnent de l'énergie et certaines vous épuisent), j'ose espérer que vous vous efforcerez volontairement de vous entourer de gens qui intensifient votre énergie.

À propos, ainsi que les Chinois l'ont compris bien avant que les physiciens quantiques ne découvrent la nature immatérielle de l'univers, vous pouvez aussi vous entourer d'objets «physiques» qui améliorent votre énergie. Tout comme vous, les objets physiques vibrent. Le feng shui, qui est un dérivé de l'astronomie chinoise, équilibre les objets physiques autour de vous afin qu'ils se conforment à votre énergie. Par conséquent, cela améliore votre Qi (énergie). Pour les Occidentaux, ce concept peut sembler un peu bizarre. Cependant, vous avez certainement dû observer son impact sans le savoir.

Par exemple, disons que vous allez dans un grand magasin où les chaussures sont en solde. Vous trouvez cinq paires de chaussures que vous aimez. Elles coûtent toutes le même prix et proviennent du même fabricant. Seuls leurs styles diffèrent. Comment décidez-vous quelles chaussures choisir? Comment prenez-vous votre décision? Vous achetez les chaussures dans lesquelles vous vous *sentez* vraiment bien. Elles vous donnent de l'énergie plus que les autres. Vous rentrez chez vous avec les chaussures que vous *adorez*, pas avec celles que vous *aimez bien*.

Prenons un autre exemple. Supposons que vous allez chez quelqu'un. Dans la maison, vous vous dites : *Comme c'est beau! C'est tellement paisible. J'adore cette maison.* Dans ce cas, cela signifie que cette maison est en résonance avec l'énergie de ses occupants, ainsi qu'avec la vôtre. Mais si vous allez chez quelqu'un et que vous vous demandez : *C'est quoi cet affreux papier peint? Oh, mon Dieu! comment ont-ils pu accrocher cette horreur de tableau au mur?* c'est que cette maison n'est pas en phase avec votre énergie, pas plus que ses occupants sans doute.

Si je vous suggère de rentrer chez vous et de lire un livre, je parie que vous vous loverez dans un fauteuil bien *spécial*, celui dans lequel vous vous sentez le plus à l'aise, même s'il a son jumeau juste à côté. Cela n'a pas rapport au fauteuil, mais à l'endroit où il se trouve dans le champ énergétique qui vous amène à vous sentir bien ! Si on se sert des ondulations sur l'eau comme analogie, disons que le fauteuil que vous préférez se trouve à l'endroit où les ondes convergent, où elles créent ensemble l'interférence constructive la plus puissante.

Enfin un dernier exemple. N'avez-vous jamais rendu votre conjoint fou parce que vous déplaciez les meubles ou insistiez pour les changer ? Le besoin irrésistible de déplacer ou remplacer vos meubles signale souvent que vous avez changé et que le champ énergétique de vos meubles ne correspond plus à votre nouveau champ énergétique. Ou bien cela indique que vous avez *vraiment* changé et que vous avez besoin de quitter cette maison et votre conjoint parce que ces deux éléments ne créent plus d'interférence constructive dans votre vie !

Mais, point important dont il faut tenir compte, vous ne devriez pas laisser votre esprit rationnel discréditer ce que votre petite voix vous dit, qu'il s'agisse de déplacer les meubles, de vous débarrasser de la peinture qui vous hérisse le poil, de faire entrer quelqu'un de nouveau dans votre vie ou, comme dans mon cas, de vous éloigner radicalement d'un voisin qui vous donne des frissons partout dans le dos. Si vous prêtez attention aux bonnes et aux mauvaises vibrations, vous améliorerez votre énergie. Et quand votre énergie s'améliore, votre vie s'améliore aussi. Si, par contre, vous dénigrez le fait qu'il est important de distinguer les bonnes énergies des mauvaises, il se pourrait que vous entriez dans l'antre du lion ou, pire, que vous finissiez par y rester et être malheureux ou malheureuse pour le restant de votre vie.

Pour les humains, cela ne suffit pas. Puisque nous disposons d'un cerveau hautement évolué, nous pouvons faire bien plus que simplement *lire* les bonnes ou mauvaises vibrations. Nous pouvons *créer* les bonnes et mauvaises vibrations lorsque nous émettons des pensées à partir de notre cerveau. Chez la plupart des gens, c'est un concept encore plus difficile à saisir que la connexion spirituelle, le feng shui et les interférences destructives et constructives. Pourquoi ? Parce que nous sommes habitués à croire que les pensées résident dans la tête, ce qui semble encore plus follement évident durant les nuits d'insomnie quand nous sommes tourmentés par une angoisse exacerbée.

En vérité, notre cerveau émet des signaux vers l'extérieur et réagit également à des signaux provenant de l'extérieur. La médecine moderne exploite cette communication à double sens pour établir des diagnostics et effectuer des traitements. Vous avez sans aucun doute entendu parler de l'électroencéphalogramme (EEG), cette technique selon laquelle on installe sur le cuir chevelu des capteurs raccordés à des fils pour lire l'activité électrique du cerveau. La magnétoencéphalographie fonctionne de manière identique, sauf que les sondes employées pour lire l'activité électromagnétique du cerveau ne touchent même pas la tête ! Cette incroyable technologie non intrusive, utilisée pour faire de la recherche cognitive et établir des diagnostics en localisant les tumeurs avant les opérations, fonctionne parce que le cerveau génère un champ énergétique à l'extérieur de la tête.

Une autre technologie médicale non intrusive, la magnétostimulation crânienne (MSC), génère un champ magnétique à l'extérieur de la boîte crânienne pour induire une activité électrique dans une partie ciblée du cerveau[2]. Dans une recherche qu'ils ont effectuée en 2003, des chercheurs australiens ont découvert que lorsqu'ils utilisaient la MSC pour augmenter l'activité neuronale de la zone du cerveau en activité chez les autistes atteints du syndrome d'Asperger, ils pouvaient améliorer les aptitudes de dessin chez certains de leurs sujets de recherche[3]. En l'an 2000, des chercheurs de l'Université Yale ont découvert que la MSC réduisait les hallucinations auditives chez les schizophrènes[4].

L'usage le plus commun de la MSC est le traitement de la dépression lorsque les autres thérapies employées ont échoué. Plus de 30 comptes-rendus de recherches rapportent que la MSC peut en effet aider en cas de dépression récalcitrante au traitement. C'est ce qui a conduit la Food and Drug Administration ou FDA (Fédération américaine des aliments et drogues) à décider d'approuver, en 2008, le premier appareil de MSC pour le traitement de la dépression. En 2012, une étude publiée dans *Depression and Anxiety* («Dépression et anxiété») sur la Wiley Online Library («bibliothèque Wiley en ligne») confirmait l'efficacité du traitement par la MSC dans des cas graves de dépression traités en milieux hospitaliers. Selon ce rapport, qui résume les données rassemblées auprès de 42 cliniques utilisant la MSC aux États-Unis et ayant traité 307 personnes, 58 % des personnes traitées sont sorties de leur dépression et 37 % ont connu une rémission[5].

Il est clair, d'après toutes ces technologies — électroencéphalographie, magnétoencéphalographie et magnétostimulation crânienne —, que le cerveau émet et reçoit des champs énergétiques pouvant influer sur le comportement cellulaire et l'expression génétique, et, par conséquent, modifier la perception, l'humeur et le comportement. De plus, le champ du cerveau est à la source de la production et de la dissémination des neuropeptides et des autres neurotransmetteurs qui contrôlent les cellules et l'activité génétique. L'influence de ce champ est en particulier notable dans le cas de l'effet placebo, où la guérison s'opère parce que le mental croit qu'un médicament ou un procédé médical sera efficace, alors que ce médicament n'est en fait que du sucre ou de la craie, ou encore que le procédé médical n'a absolument aucune valeur.

Afin de pleinement comprendre le pouvoir potentiel de nos pensées et de nos croyances, penchons-nous sur un autre principe de la mécanique quantique, la « non-localité », qu'Einstein avait qualifiée « d'action fantomatique à distance ». Il s'avère qu'une fois qu'une particule quantique interagit (en langage quantique on dit qu'elle « s'enchevêtre ») avec une autre particule, peu importe la distance qui les sépare (ce qui veut dire qu'elles sont non localisées), leurs états mécaniques restent appariés. Si, par exemple, le spin rotationnel (comme les tornades) d'une particule s'effectue dans le sens des aiguilles d'une montre, sa jumelle enchevêtrée aura un spin qui s'effectuera dans le sens contraire des aiguilles d'une montre. Les particules quantiques possèdent également une polarité directionnelle, qui pointe vers le haut ou vers le bas. Lorsqu'une des polarités pointe vers le haut, la polarité de sa « conjointe » pointe vers le bas. Peu importe la distance qui sépare les deux particules, lorsque la polarité ou la rotation du spin d'une particule change, la polarité ou la rotation du spin de l'autre change également de façon simultanée, même si une des deux particules se trouve à Paris et l'autre, à Pékin.

Les physiciens ont imaginé toute une variété d'histoires ingénieuses pour aider les néophytes ainsi que les scientifiques à comprendre ce qu'est la non-localité, un concept extrêmement bizarre pour les humains qui sont pris par la matière. Le physicien de l'Université du Michigan, Luming Duan, a inventé une roulette de casino quantique où les roues des machines sont enchevêtrées : si la boule d'une roulette tombe sur un numéro noir, la boule de la table suivante tombera sur un numéro rouge[6].

Alors que les physiciens établissaient que les particules quantiques influent les unes sur les autres de façon non localisée, et imaginaient des histoires visant à illustrer le phénomène, les chercheurs du domaine de la parapsychologie ont commencé à vérifier si les esprits humains s'enchevêtrent eux aussi de façon non localisée, comme les particules quantiques. Effectivement, c'est le cas ! Ce phénomène est confirmé de manière anecdotique par les médiums, les guérisseurs spirituels, les parents et les couples amoureux qui ont tous ressenti avec raison que quelque chose ne tournait pas rond chez un proche, un enfant, un conjoint, même si la personne se trouvait dans une autre ville ou dans un autre pays.

Le physicien théoricien Amit Goswami avance que la recherche qu'il a effectuée à l'Université de Mexico l'a amené à « l'inévitable » conclusion que les esprits des humains communiquent entre eux de façon non localisée : « La non-localité quantique se produit également entre les cerveaux humains[7]. »

Selon les expériences menées à l'Université de Mexico, deux personnes ont médité pendant vingt minutes l'une à côté de l'autre dans une cage de Faraday équipée d'un bouclier électronique, avec l'intention de mettre en commun leur état méditatif. Ensuite, les deux personnes ont été installées dans deux cages distinctes situées à trois mètres l'une de l'autre dans une expérience et à 15 mètres dans une autre expérience, tout en étant raccordées à des encéphalographes. Périodiquement, une lumière rouge était allumée devant les yeux d'une des personnes, ce qui induisait un motif d'onde cérébrale appelé « potentiel évoqué ». Une fois sur quatre, le cerveau de l'autre personne s'est mis au diapason en produisant *simultanément* un motif d'onde cérébrale dite de « potentiel évoqué », même si la personne ne voyait pas la lumière ou ne savait pas qu'une lumière était allumée[8].

L'enchevêtrement vibratoire est une composante fondamentale de la loi d'attraction ainsi que de la loi de répulsion, dont on parle beaucoup moins et qui est beaucoup plus pertinente sur le plan personnel. C'est ce qui explique ce que vous attirez à vous et ce que vous repoussez. J'aime illustrer le fonctionnement de ces lois par une autre analogie qui fait appel à des objets familiers. Dans ce cas, il s'agit d'un diapason et de quatre verres de cristal, comme vous le voyez sur le dessin A de la page suivante. Chacun des verres vibre à une fréquence différente, appelée W, X, Y ou Z, puisque chaque verre est fait d'une combinaison différente d'atomes.

Puis, sur le dessin B, je vais frapper le diapason qui vibre à la fréquence X. Comme la puissante voix d'un chanteur professionnel, les vibrations énergétiques du diapason s'enchevêtrent avec les atomes du verre X et produisent une interférence constructive. Cela a pour effet d'amplifier leur énergie et de les faire vibrer de plus en plus vite. Les atomes énergisés qui vibrent accumulent une telle force que le verre finit par exploser ! C'est le genre d'interférence constructive dont vous faites l'expérience quand vous êtes en lune de miel et que votre énergie et celle de votre conjoint s'enchevêtrent de la meilleure façon possible.

Je sais ce que vous pensez. *Si seulement c'était aussi facile, j'irais m'acheter un diapason et je m'en servirais pour créer mon monde !* J'ai une bonne nouvelle à vous annoncer : vous n'avez pas besoin de vous acheter un diapason parce que vous en possédez déjà un. Les pensées émises à partir de votre cerveau fonctionnent comme un diapason, en fait de manière beaucoup plus sophistiquée qu'un diapason.

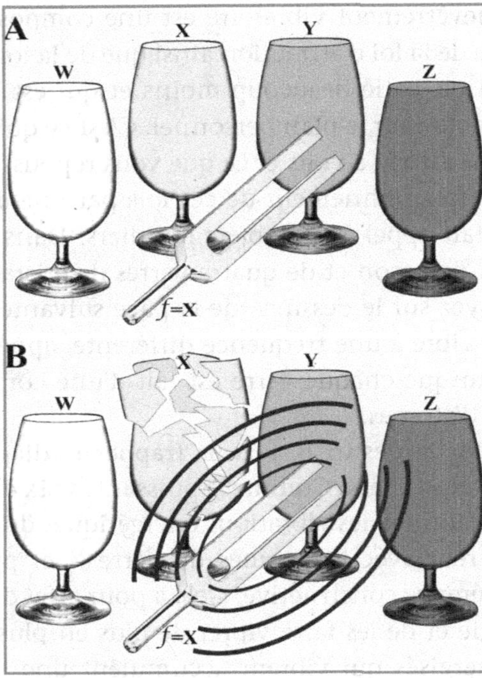

Pour illustrer la puissance de votre cerveau-diapason, nous allons attribuer aux quatre verres distincts des images exprimant des « énergies » émotionnelles distinctes à l'aide de l'illustration suivante. Le verre W représente un couple en colère qui s'invective, où chacun est face à l'autre. Le verre X représente un couple attablé pour un repas romantique. Le verre Y représente une situation du genre *Comment ai-je pu finir avec ce gars?* Et le verre Z représente un couple en litige où chacun rejette la faute sur l'autre devant un juge.

Étant donné les choix proposés, il est facile de décider de commencer par le verre X. Donc, reprenons l'exercice de l'impact vibratoire en utilisant cette fois non pas un diapason réel, mais les pensées émises par votre cerveau-diapason. Par l'interférence constructive, vos pensées viendront bonifier les expériences qui entrent en résonance avec les images créées par votre esprit. Concentrez votre attention sur la photo du verre X et sur votre exubérance émotionnelle des jours, semaines, mois ou années où vous étiez au summum du bonheur. Oubliez le gars qui vous a laissé tomber quand vous avez fini de lui payer ses études de droit. Oubliez la femme qui vous a laissé tomber pour le milliardaire point-com. Bannissez de votre esprit toutes les expériences propres aux verres W, Y et Z que vous avez vécues. Vous ne voulez pas créer d'interférence constructive avec de telles images puisqu'elles livreront de telles réalités à votre porte ! Par conséquent, les images représentées par les verres W, Y et Z ne sont pas activées par vos pensées, alors que l'image du verre X l'est. Lorsque nos pensées entrent en résonance avec cette image, le scénario d'harmonie représenté par ce couple extatique se manifestera dans votre vie.

Cette analogie à l'aide des verres permet d'illustrer à quel point il est important de passer des émotions passionnément négatives, comme la peur et la colère, à des émotions passionnément positives, afin de créer l'effet lune de miel dans votre vie. Observez lesquelles des images sont les plus prépondérantes dans votre vie. S'il s'agit de toutes les images *sauf celle du verre X*, je vous suggère d'observer vos pensées. Vous pouvez créer la vision (verre) que vous voulez en vous assurant que les pensées que vous émettez sont le reflet exact de ce que vous voulez dans votre vie. Si vous émettez sans cesse des pensées de colère par rapport à des relations passées, c'est le même genre de relation destructive qui se présentera à vous de nouveau. Si vous évitez de telles pensées et images négatives, ces situations ne se manifesteront pas dans votre vie.

Qu'ils soient des humains ou des animaux, les prédateurs comprennent cela d'instinct. Prenons l'exemple de la lionne avec lequel exemple j'ai entamé ce chapitre. À l'inverse des chasseurs humains, la lionne ne cherche pas la gazelle dont les énormes cornes serviront de trophée qu'elle accrochera au mur de son bureau ! Tout ce qu'elle veut, c'est manger. Elle procède à un rapide balayage énergétique des possibilités et choisit la gazelle *la plus faible*, celle qui, selon ses sens, livrera le moins de bataille et lui fournira le repas le plus facile et le plus rapide.

Quand les prédateurs humains ne partent pas à la chasse en forêt pour le plaisir, ils font la même chose. Les agresseurs, par exemple, cherchent des proies qui émettent une énergie de crainte ou de distraction (il arrive qu'ils se trompent et choisissent la « mauvaise » proie, celle qui leur donnera la rossée de leur vie). Ils ne choisissent pas leurs victimes en fonction de leurs vêtements, mais plutôt des vibrations qui émanent d'elles. Malgré tous les défauts de mon prédateur de voisin, je dois concéder qu'il excellait à une chose : il était un bon arnaqueur parce qu'il avait parfaitement saisi ma faiblesse. Il avait senti que je ne le rejetterais pas définitivement comme j'aurais dû le faire. Si je n'avais pas émis de vibrations aussi ambivalentes, il aurait reporté son attention sur des proies plus prometteuses.

Une intéressante série d'expériences effectuées par l'anthropologue et chercheuse en parapsychologie Marilyn Schlitz, directrice de l'Institut des sciences noétiques, et par le psychologue britannique Richard Wiseman, fermé à la parapsychologie, laisse entendre que les pensées émises par les chercheurs jouent un rôle même dans les expériences scientifiques les plus rigoureuses. Wiseman et Schlitz ont travaillé ensemble pour chercher à déterminer si une personne peut détecter que des gens l'observent intensément même si elle ne les voit pas. Ces expériences ont permis d'établir que lorsque Schlitz fixait quelqu'un du regard, l'effet était statistiquement significatif, alors qu'il ne l'était pas du tout lorsque c'était au tour de Wiseman de fixer[9]. Ceux qui ont lu mon ouvrage *Biologie des croyances* ne seront pas surpris. La *personne qui croyait,* Schlitz en l'occurrence, avait entrepris l'expérience en tenant pour acquis que celle-ci fonctionnerait. Ce qui s'est produit. Wiseman, la *personne qui ne croyait pas,* avait entrepris l'expérience en tenant pour acquis que celle-ci ne fonctionnerait pas. Étant donné sa croyance, l'expérience n'a donc pas fonctionné.

À ce point-ci, il se peut que vous pensiez (négativement) : *Eh bien, pas d'effet lune de miel pour moi vu que toutes mes croyances sont négatives puisque je n'ai connu que des expériences négatives.* Si vous faites partie de ce lot, voici une bonne nouvelle à laquelle vous pourrez réfléchir. Même si vos relations se sont soldées par des désastres et de l'amertume encore présente, faites semblant du contraire ne serait-ce qu'un petit bout de temps. Lorsque vous faites basculer vos pensées sur l'amour, le soutien et le rapport affectif intime illustré au verre X (même si cette scène vous semble arriver d'une planète inconnue ou d'une lune de miel que vous avez connue pendant une semaine il y a une éternité), vous *pouvez, sachez-le,* attirer ce genre de relation à vous. Vous pouvez aussi attirer ce rapport tendre même si vous n'en avez jamais connu auparavant. Toutefois, si vous persistez à vous vautrer dans les sortes d'images et d'expériences illustrées sur les autres verres, celles-ci continueront d'être pour vous les seules façons d'expérimenter les rapports interpersonnels.

N'ayez pas l'impression que je pointe la victime du doigt, car ce n'est pas du tout le cas. Si nous avons été inconscients de la façon dont nos pensées et nos croyances influent sur notre monde, alors comment pouvons-nous être «blâmés» ou «rendus coupables» pour nos actions passées? Il ne peut y avoir de *reproche*, de *culpabilité* ou de *honte* reliés à des événements passés pour la simple raison fondamentale que les paroles désobligeantes ont *seulement* un effet lorsqu'on connaît leur impact et que, fort de cette connaissance, on adopte des comportements qui sont destructeurs face aux autres et à soi.

Il est clair que la raison d'être de la nouvelle science n'est pas de vous fournir une raison de vous vautrer avec culpabilité dans le passé que vous avez créé. Comme vous le savez, si vous le faites, vous attirerez davantage de culpabilité sur votre chemin! Je vous propose cette information pour vous aider à réaliser à quel point vous êtes puissant. La connaissance, c'est la force, le pouvoir. Et grâce à cette connaissance, vous acquérez le pouvoir de créer dès maintenant la vie et les relations de votre choix. Vous pouvez dès maintenant accueillir et savourer l'énergie vibrante de l'univers dont parle le physicien de l'Université Johns Hopkins, Richard Conn Henry: «L'univers est immatériel. Il est mental et spirituel. Vivez et amusez-vous[10].»

Vivez et appréciez le fait que vous êtes chacun le créateur et non le jouet de votre vie. Vous pouvez avoir le genre de relations que vous voulez en vous servant de votre cerveau comme d'un diapason pour entrer en résonance avec ce que vous voulez créer et pour éviter de penser à ce dont vous ne voulez pas dans votre vie. Vous avez la faculté de manifester votre propre vie. Vous disposez de la liberté de créer ce que vous désirez.

Avant de passer au chapitre suivant, qui traite de la biochimie de l'amour, j'aimerais m'attarder un peu à une question de type « bonnes vibrations » que je vous soupçonne d'avoir déjà envisagée. Les bonnes vibrations concernant les rapports sexuels ne sont-elles pas celles de l'amour éternel ? Bien que cela s'avère exact pour les organismes situés plus bas dans l'échelle de l'évolution, cela ne l'est pas pour les humains.

Je serais la dernière personne à vous dire que le sexe est une mauvaise chose. C'est une bonne chose, une chose fantastique même, et pas seulement pour la survie de l'espèce. Toutefois, pour manifester le bonheur éternel, il ne faut pas viser le sexe comme but en soi. Le but, c'est d'avoir des rapports sexuels avec la personne avec laquelle vous voulez établir un vrai partenariat. En tant qu'éléments les plus évolués du règne animal, nous pouvons faire mieux que réagir aux gènes et aux hormones. Lorsque vous passez d'un lit à un autre, d'un rapport sexuel à rien du tout (je suis passé par cette phase), la sexualité devient davantage une séance de gymnastique avec beaucoup d'acrobaties, où la plupart d'entre nous sentent que quelque chose manque.

Certains soutiendront qu'étant donné notre lien étroit avec les animaux situés plus bas dans l'échelle de l'évolution, nous sommes mal équipés pour vivre des relations monogames qui durent dans le bonheur toute la vie. C'est que, dans les années 1990, lorsque l'identification par l'ADN est devenue courante, les biologistes ont appris que les couples socialement monogames n'étaient pas nécessairement sexuellement monogames.

Alors que les tests d'ADN permettaient d'épingler les pères absents dans les cas de pensions alimentaires non réglées, la recherche a aussi prouvé qu'il y avait beaucoup de pères manquants : « La situation a atteint un point où l'on peut dire qu'il est impossible de constater des copulations hors couples chez les espèces ostensiblement monogames, ce qui veut dire que les espèces monogames s'avèrent vraiment monogames. » C'est ce qu'écrivent David P. Barash et Judith Eve Lipton dans *The Myth of Monogamy* (« Le mythe de la monogamie[11] »).

Il vous suffira de lire cette histoire à la Roméo et Juliette qui est apparue dans un numéro de *Scientific American* en 1847 :

> Un exemple curieux d'affection chez l'animal, qui s'est terminé tragiquement, s'est déroulé la semaine passée à la résidence campagnarde du baron Gauci, à Malte. Comme une gazelle femelle venait de mourir soudainement après avoir ingéré quelque chose, le mâle est resté au-dessus du cadavre de sa compagne, donnant des coups de cornes à tous ceux qui essayaient de la toucher. Puis, en s'élançant tout d'un coup, il est allé frapper un mur de la tête et est tombé raide mort près de sa compagne.

En 2011, *Scientific American* a repris cette version de 1847 dans un article de blogue. Aussi mignonne que l'histoire ait pu être, écrit le second auteur, il est beaucoup plus probable que la gazelle mâle soit morte du même poison ingéré par la femelle ou d'un saut malencontreux dans le mur pour éviter ce qu'elle avait perçu comme un prédateur humain s'approchant trop[12]. La vérité crue et directe est qu'une gazelle mâle ne se portera pas candidate au suicide pour l'amour de sa vie. Durant la saison des amours, les gazelles mâles marquent leur territoire et s'accouplent avec *n'importe* quelle gazelle adulte qui leur passe sous la truffe, mais elles n'entreront pas dans le territoire d'une gazelle rivale pour s'accoupler.

Peu importe comment les animaux mordent la poussière sur le plan de la monogamie (excepté l'urubu noir, le pic à face blanche et la souris de Californie), je pense que le grand saut dans l'échelle de l'évolution autorisé par notre cerveau nous place vraiment à part.

Je vous concède cependant que les humains agissent parfois comme s'ils étaient loin du dernier barreau supérieur de l'échelle de l'évolution. Il me suffit de repenser à certains des incidents de ma propre vie où j'ai agi avec moins de bon sens qu'une gazelle. Alors que je vivais dans les Caraïbes et que j'étais dans ma phase je-cherche-désespérément-quelqu'un, j'ai invité à rester chez moi, à la Grenade, un couple qui s'est avéré par la suite LE couple dysfonctionnel par excellence. Si j'avais pris des photos, ce couple aurait pu servir à illustrer les verres W, Y et Z à la perfection. Ces individus se disputaient et criaient sans cesse. Les hurlements auraient dû être un signe pour moi d'éviter ce genre « d'enchevêtrement » particulier. Néanmoins, une fois leur dernière forte dispute terminée, et mettant un point final à leur relation, la femme m'a demandé de faire l'amour avec elle. J'ai fait fi de toutes mes antennes, je me suis convaincu que je ne brisais pas un couple, et j'ai dit : « Pourquoi pas ? »

Je vais vous dire pourquoi ! Je me suis retrouvé « enchevêtré » à l'énergie de cette femme dans une interférence destructive digne d'un manuel universitaire. Une fois l'ancien compagnon de la femme parti de l'île, il ne restait plus que moi avec qui elle pouvait se disputer. Je n'aurais pas pu être le plus mauvais candidat pour elle vu que je suis un homme qui n'aime pas la confrontation et qui n'abuse pas des autres. Je la rendais dingue parce qu'elle ne voulait pas avoir de meilleurs rapports ; elle voulait une relation où il y avait de la bagarre.

Et moi, je me noyais dans les regrets. Ma peur de la confrontation limitait les possibilités et je ne réussissais pas à trouver le moyen de me débarrasser d'elle. Je vivais en plein milieu de l'océan sur une petite île. Où pouvait-elle aller ? La petite île de la Grenade rapetissait de plus en plus. Je me suis retrouvé prisonnier dans ma propre maison. Paul Simon a peut-être écrit *50 Ways To Leave Your Lover* (« 50 façons de quitter votre amant ») parce qu'il vit dans le centre de New York, où il est beaucoup plus facile de se tirer d'une telle situation. En ce qui me concerne, ses 50 façons ne m'ont pas suffi. J'en ai trouvé une cinquante et unième qui a consisté à nous acheter à tous les deux un billet d'avion pour New York, à la différence que le mien était accompagné d'un voyage aller-retour.

Voici la morale de cette histoire : « Vous devez être conscient de ce que la luxure vous fait désirer ! » Inconsciemment, j'avais choisi de me laisser mener seulement par mes hormones. Mais j'aurais pu choisir autre chose. Si les humains se contentent d'être des machines biologiques, la luxure les amènera à droite et à gauche (comme cela a été mon cas pendant un certain temps). Lorsque vous mettez de la conscience dans vos actes, c'est vous qui menez la barque. Vous n'êtes plus prévisible. Même les astrologues reconnaissent que, lorsque les individus deviennent conscients, l'astrologie n'est plus aussi exacte puisque les gens deviennent beaucoup moins prévisibles. Au lieu de réagir automatiquement au champ énergétique ambiant, qui comprend les fluctuations et les influences des planètes, vous pouvez modifier vos propres vibrations et réactions face aux vibrations d'autrui.

Le moment est donc venu d'arrêter de dire : *Je « trouve » toujours des gars qui ont peur de s'engager* ou *Je trouve toujours une femme qui me laisse tomber.* Avec nos croyances, nous créons notre vie et nous émettons ces croyances dans le champ énergétique autour de nous. Sachons que c'est nous qui créons nos relations. Forts de ce savoir, nous disposons du libre arbitre qui nous est donné de créer n'importe quel genre de relation !

S'il en est ainsi, vous devez vous demander pour quelle raison la pensée positive n'a pas fonctionné avec mon prédateur de voisin. À cette époque, j'en étais à mes premières armes par rapport à l'emploi de mon cerveau en tant que diapason et j'avais encore beaucoup à apprendre. Il est compliqué de créer la relation que vous voulez. Je ne comprenais pas encore totalement que la puissance de l'inconscient peut annuler la meilleure des intentions.

Aujourd'hui, je sais beaucoup plus quoi faire pour attirer à moi ce que je veux. J'en sais beaucoup plus sur le fait qu'il ne faut pas ignorer les mauvaises vibrations et j'ai également créé une relation de bonheur éternel. Alors, malgré les gros titres concernant les mariages spectaculairement dysfonctionnels de certaines célébrités, malgré le nombre incalculable d'exemples d'humains qui laissent leurs hormones et leurs gènes guider leur comportement, je veux vous dire qu'il est possible de créer un degré plus élevé d'amour. Lorsque vous reconnaissez le pouvoir des bonnes vibrations et que vous reportez votre attention sur des images semblables à celle du verre X, vous êtes sur la bonne voie pour créer le bonheur éternel dans votre vie.

CHAPITRE 3

Les philtres d'amour

Prends cette cruche et souviens-toi bien de mes paroles. Cache-la afin qu'aucun regard ni aucune lèvre ne puisse s'en approcher. Mais une fois la nuit de noces venue et au moment où les nouveaux mariés seront enfin seuls, verse ce vin parfumé dans une coupe que tu offriras au roi Marc et à Iseut, sa reine. Oh, prends bien soin mon enfant qu'ils soient les seuls à boire de ce breuvage, car son pouvoir est puissant. Ceux qui le boivent ensemble s'aiment de tous leurs sens et de toutes leurs pensées, pour toujours, à la vie à la mort.

— *Le Roman de Tristan et Iseut*, de Joseph Bédier

Ce vin parfumé agrémenté de fleurs et de simples n'a accompli sa fonction que trop bien, comme ceux qui connaissent le roman le savent, et s'est traduit par l'histoire d'amour adultère et tragique entre la princesse irlandaise Iseut (aussi connue sous le nom d'Isolde) et le chevalier cornouaillais Tristan, qui avait bu par erreur le breuvage destiné à son oncle, le roi Marc.

Rendue populaire par la poésie médiévale française, l'histoire d'amour de Tristan et Iseut, déclenchée par une potion aphrodisiaque, mais terminée de façon tragique, n'est qu'un des exemples du pouvoir fort connu des philtres d'amour tout au long de l'histoire. Le théologien et occultiste médiéval Albertus Magnus avait consigné par écrit une recette de philtre qui comprenait de la cervelle de perdrix calcinée et réduite en poudre que l'on avalait avec du vin. Galien, le physicien du IIe siècle en poste à la cour de l'empereur Marc Aurèle, recommandait de boire, avant le coucher, un verre de miel épais agrémenté d'amandes et de cent pignons. Henri IV appréciait particulièrement l'Armagnac provenant du sud-ouest de la France. Cléopâtre ne jurait que par une boisson de perles dissoutes dans du vinaigre. Et l'ouvrage *Le Jardin parfumé*, un manuel arabe de techniques érotiques rédigé au XVIe siècle par le cheikh Nefzaoui, propose une recette composée de petits pois verts cuits avec des oignons et saupoudrés de cannelle, de gingembre et de graines de cardamome, le tout bien pommadé. Une autre boisson arabe comprend de la racine de galanga mélangée à des graines de cubèbe (baies semblables à celles du poivre propre à l'île de Java), de la passerine hérissée, de la cardamome, de la noix de muscade, des œillets, du chardon à styles courts, des graines de laurier, des clous de girofle et de l'advieh. Il faut la boire deux fois par jour, matin et soir, dans un bouillon de pigeon ou de volaille, en s'assurant de boire un verre d'eau avant et un verre d'eau après. Mais la recette la moins appétissante de toutes est celle citée par le poète romain Properce, recette dont les ingrédients sont des os de serpent, un crapaud et les plumes d'un petit-duc.

D'un point de vue biochimique, l'amour a également à voir avec les potions. Malgré tout le respect que je dois à la légende de Tristan et Iseut ainsi qu'aux philtres d'amour sophistiqués créés tout au long de l'histoire, les potions dont je vous parle sont infiniment plus sophistiquées : ce sont des cocktails neurochimiques et hormonaux hautement perfectionnés qui parcourent notre corps lorsque nous tombons amoureux et terminons une histoire d'amour.

Ce que je vous dis, c'est qu'à un certain niveau l'effet lune de miel est une accoutumance, raison pour laquelle les choses peuvent tourner au désastre très rapidement lorsque l'histoire d'amour se termine. Prenez garde à vous si l'objet de vos désirs met fin à la relation alors que vous baignez encore dans les hautes stratosphères de l'amour induites biochimiquement. Vous pourriez bien finir comme moi, ainsi que je l'ai décrit dans l'introduction, en sevrage obligé, assis ou assise dans un fauteuil d'une maison vide, à vous morfondre sur votre amour perdu.

Dans ce chapitre, je m'attarderai aux substances chimiques et aux hormones qui aident à expliquer l'anxiété, la perte d'appétit et l'euphorie caractérisant si bien l'amour humain. Ce sont ces philtres d'amour chimiques qui nous incitent à chercher un partenaire sexuel, à nous attacher à un partenaire particulier et à nous lier à ce partenaire pendant assez de temps pour pouvoir élever le plus impuissant des nouveau-nés du monde animal, du moins après la prime enfance. Bien entendu, les choses ne fonctionnent pas toujours ainsi parce qu'il s'agit d'humains, pas d'équations scientifiques. D'ailleurs, Puck, un des personnages du *Songe d'une nuit d'été,* de Shakespeare, le résume bien quand il parle des humains amoureux : « Seigneur, que les mortels sont idiots ! »

Avant d'entrer dans le vif du sujet, la biochimie de l'amour, je voudrais ajouter que malgré l'opinion peu brillante de Puck sur ces idiots de mortels amoureux, nous ne sommes pas obligés d'être les esclaves de notre neurochimie et de nos hormones! Nous sommes nos propres biologistes et nous pouvons créer avec nos pensées les philtres d'amour qui contrôlent les cellules et les tissus de notre corps. Eh oui, il s'agit bien ici du lien corps-esprit si décrié, ignoré ou minimisé jusqu'à récemment par la science traditionnelle.

Comment simplifier le lien entre le corps et l'esprit

En 1967, j'ai entrepris mes premières expériences de clonage de cellules souches. À l'aide d'un microscope, je visionnais des cellules dans une boîte de Petri où j'avais mélangé plusieurs types de cellules, cherchant les cellules souches qui se distinguent par leur forme fuselée unique. Puis, je positionnais un anneau de verre autour de la cellule sélectionnée afin de l'isoler de toutes les autres cellules. Enfin, j'utilisais des enzymes pour sortir la cellule de la boîte de Petri afin de pouvoir transférer cette seule cellule souche dans sa propre boîte de Petri.

Les cellules ont en commun avec les poissons le fait qu'elles vivent dans un milieu aqueux. Par conséquent, une culture dans une boîte de Petri ressemble en quelque sorte à un aquarium en miniature. Pour nourrir la culture et assurer un environnement propice à la cellule, j'employais une solution chimiquement équilibrée assurant croissance et viabilité. Notre solution contenait un très puissant cocktail de sels et de nutriments qui permettaient aux cellules souches de se développer et de se multiplier. La cellule souche que j'avais mise dans cette boîte de Petri se divisait environ toutes les dix heures dans cette solution. Au début, il n'y avait qu'une cellule, puis deux, puis quatre. Une semaine plus tard, il y avait plus de 50000 cellules dans la boîte. Étant donné que toutes les cellules provenaient de la même et unique cellule, toutes les cellules étaient génétiquement identiques.

C'est là que les choses deviennent hallucinantes. J'ai divisé les cellules en trois groupes et je les ai mises dans trois boîtes de Petri distinctes, comme l'illustration suivante l'indique. Dans chaque boîte de Petri, j'ai mis une solution qui contenait des substances biochimiques différentes. Dans la première boîte, les cellules ont fabriqué du muscle. Dans la deuxième, les cellules ont fabriqué de l'os. Et dans la troisième, elles ont fabriqué de la graisse[1a, b].

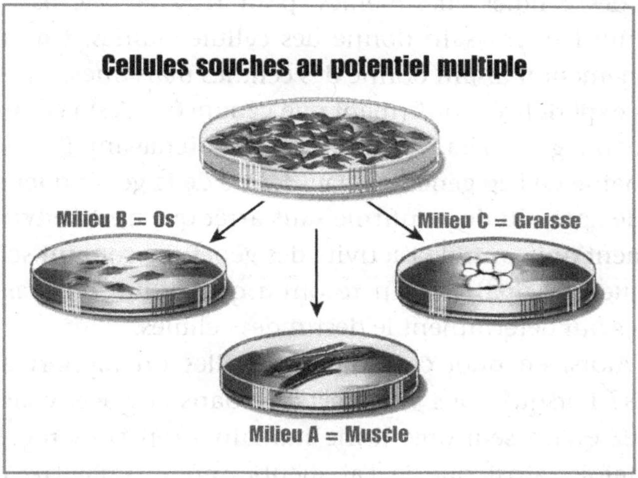

La question profonde soulevée par cette expérience était la suivante : « Qu'est-ce qui contrôle le destin des cellules ? » Rappelez-vous que toutes les cellules étaient identiques au début. Ce n'était donc pas les gènes qui déterminaient les différents destins des cellules. C'était bien l'environnement, le milieu ambiant, la solution dans laquelle se trouvaient les cultures qui était l'agent déterminant de l'expression des cellules. Le destin et la santé des cellules sont un complément de leur milieu ambiant, principe que j'ai expliqué dans mon livre *Biologie des croyances*

(où j'ai modifié un conseil lancé par James Carville à Bill Clinton lors de sa campagne présidentielle : « C'est l'économie, gros bêta ! » par « C'est l'environnement, gros bêta ! »).

Mon mentor, Irving Konigsberg, un des premiers biologistes cellulaires à passer maître dans l'art du clonage des cellules souches, m'a mis sur le bon chemin dès le début de ma carrière. Lorsque j'ai commencé à cloner des cellules, il m'a dit : « Quand les cultures que tu étudies vont mal, il faut d'abord que tu tiennes compte de leur milieu ambiant, pas des cellules elles-mêmes, pour trouver la cause. Un environnement sain donne des cellules saines. Un environnement malsain donne des cellules malsaines. » Toutes mes expériences confirment que l'énoncé « C'est l'environnement, gros bêta ! » annonçait le dorénavant florissant domaine de l'épigénétique (au-dessus de la génétique) qui, étude après étude, confirme sans arrêt que c'est l'environnement qui contrôle l'activité des gènes. Le courant scientifique principal a enfin reconnu que ce ne sont pas les gènes qui déterminent le destin des cellules.

Alors, en quoi ces études ont-elles un rapport avec vous ? Lorsque vous vous regardez dans la glace, vous ne voyez qu'un seul organisme humain... qui vous regarde. Toutefois, ainsi que je l'ai mentionné au chapitre 1, il s'agit d'une fausse idée. Nous ne sommes pas chacun un seul organisme puisque nous sommes constitués d'environ 50 trillions de cellules ! Selon une définition stricte, un être humain est composé d'une communauté d'organismes vivants : ses cellules. Plus précisément, un humain est une boîte de Petri recouverte de peau qui contient 50 trillions de cellules. C'est le sang qui assure le milieu de croissance, la culture qui contrôle les cellules dans la boîte de Petri recouverte de peau que nous sommes.

En fait, pour une cellule, qu'il s'agisse d'une boîte de Petri en plastique ou en peau, cela ne fait aucune différence.

Où qu'elle vive, sa vie est contrôlée par le milieu de la culture. En tant que biologiste cellulaire, j'étais chargé de contrôler la chimie de mes cellules dans des boîtes de Petri en plastique. En tant «qu'autobiologiste», tel qu'illustré sur le dessin de la page suivante, vous contrôlez la chimie de votre propre milieu de culture, le sang, par la nutrition et votre cerveau. Lorsque votre cerveau capte l'existence d'une expérience d'amour, il amène votre cerveau à sécréter des substances neurochimiques telles la dopamine, l'ocytocine et l'hormone de croissance dans le sang (plus de détails à ce sujet plus loin). Lorsque ces substances chimiques sont ajoutées au bouillon de culture d'une boîte de Petri *en plastique,* où les cellules se multiplient, ces dernières réagissent en se développant de façon robuste et saine. La même chose se produit pour les cellules de la boîte de Petri recouverte de peau. Eh oui, vous êtes en général plus en santé et plus vivant lorsque vous êtes amoureux ou amoureuse.

Toutefois, si ce même cerveau de ce même corps perçoit le monde comme menaçant, il ne sécrétera pas les substances biochimiques propres à l'amour. À la place, par exemple, sous la peur il sécrétera dans le sang des hormones de stress et des agents inflammatoires comme les cytokines. Si l'on verse ces substances chimiques dans une culture de cellules dans une boîte de Petri, les cellules cesseront de se développer et pourront même mourir. La chimie du stress bloque la croissance et l'entretien des cellules parce qu'elle utilise l'énergie du corps pour soutenir les mécanismes de protection. C'est la raison pour laquelle le stress est la principale cause de maladie et qu'il est responsable de 90 % des consultations médicales[2].

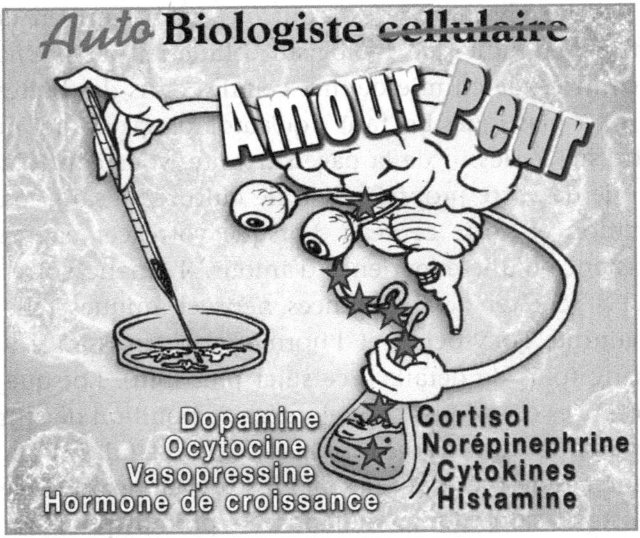

« L'autobiologiste » : Alors que l'on ne compte que quelques biologistes cellulaires au sein de la population mondiale, il est vrai que nous sommes tous nos propres biologistes. Ce dessin humoristique souligne le fait que le cerveau contrôle la chimie du milieu de culture du corps, le sang, qui à son tour sustente et régule la génétique et le comportement des cellules. Les substances chimiques relâchées par le cerveau dans le sang viennent compléter les perceptions et les croyances abritées dans nos esprits. Lorsque nous changeons notre façon de réagir au monde extérieur, nous modifions également la composition chimique de notre sang, cela venant à son tour réguler nos gènes et notre comportement. C'est ce sur quoi l'effet placebo est fondé. (Illustration : Bob Mueller)

Il importe de noter que les hormones de stress jouent de multiples rôles et que leurs actions dépendent du genre de stress que la personne vit. Il existe deux types de stress, chacun ayant des conséquences biochimiques différentes : le stress négatif (détresse) et le stress positif (eustress). Il y a détresse lorsque nous percevons que notre survie est menacée. Alors, les hormones de stress comme le cortisol et l'adrénaline nous font passer à un comportement de protection aux dépens de la croissance. Nous sauvons notre vie si la menace est vraiment importante (lion des montagnes) ou bien nous devenons caustiques si la menace est chronique (la circulation automobile quotidienne et un boulot que vous détestez).

L'eustress*, par contre, qui veut littéralement dire « bon stress », se manifeste lorsque nous « stressons » notre système par des comportements non menaçants comme les activités physiques, entre autres le sport, et des activités intellectuelles, comme la rédaction de ce livre ou tomber passionnément amoureux ! Les chercheurs ont découvert que l'hormone du stress, le cortisol, est sécrétée non seulement lorsque nous fuyons une avalanche, mais également lorsque nous sommes béatement amoureux. En 2004, des chercheurs de l'Université de Pise ont découvert que les niveaux de cortisol étaient significativement plus élevés chez les sujets qui étaient récemment tombés amoureux que chez les sujets qui ne l'étaient pas[3]. En 2009, des chercheurs de l'Université du Texas ont découvert que les niveaux de cortisol augmentaient chez les sujets féminins à qui on demandait de penser à leurs partenaires amoureux. Cette augmentation était particulièrement prononcée et durable chez les sujets qui passaient la plus grande partie de leur temps à penser à leur relation[4].

* Terme introduit par Hans Selye.

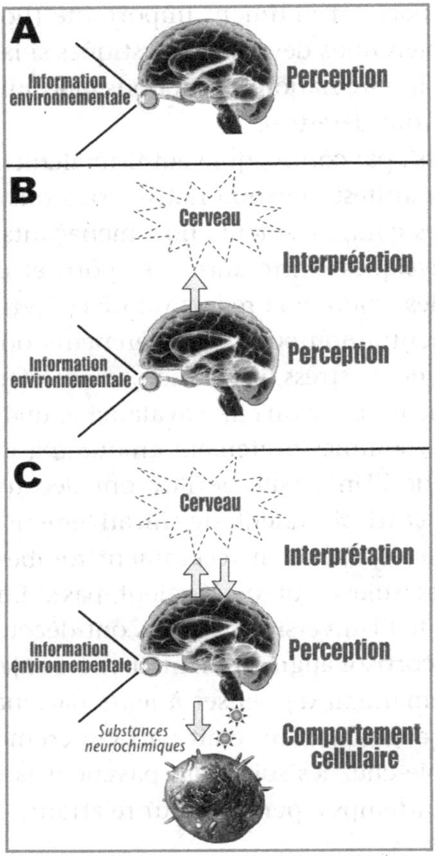

Voici l'ABC de la biologie corps-esprit : tous les organismes vivants lisent l'information qui provient du milieu ambiant et y réagissent. A : Dans le mécanisme de la *perception,* notre cerveau lit les signaux provenant de l'environnement (visions, sons, odeurs, température, douleur, etc.) qui sont enregistrés par les récepteurs du système nerveux. B : En fonction de notre instinct et de nos expériences, le cerveau évalue les signaux entrants et les interprète, c'est-à-dire qu'il pose un jugement de valeur quant à leur signification sur le plan de la survie. C : L'interprétation des signaux entrants par le cerveau déclenche la sécrétion de substances neurochimiques qui amènent le corps à adopter une réaction positive de croissance ou bien un comportement de protection assurant la survie, ou encore à ignorer les signaux parce qu'ils ne concernent pas la survie. Les substances neurochimiques relâchées dans le sang régulent le comportement cellulaire et, par la voie de l'épigénétique, contrôlent l'activité génétique.

Que vous soyez amoureux ou que vous fuyiez un danger, c'est votre cerveau qui détermine la biochimie de votre sang, qui à son tour contrôle votre biologie et votre génétique. C'est votre esprit qui interprète vos perceptions du monde ambiant et c'est votre cerveau qui produit les substances biochimiques complétant ou confirmant vos perceptions. En voici un exemple. J'adore les piments jalapeños. Les plats relevés et piquants activent mes papilles gustatives de manière agréable. Mais quand les autres me voient avaler des plats intensément épicés, ils réagissent en s'exclamant : « Comment pouvez-vous manger ça ? » Ces gens et moi avons la même perception — que la nourriture est épicée —, mais nos esprits respectifs interprètent ces mêmes perceptions différemment. Ma biochimie se délecte des piments jalapeños, alors que la leur pousse ces gens à rejeter les piments.

Pour mieux comprendre la biochimie de l'amour, n'imaginez pas votre cerveau comme un diapason qui entre en résonance avec l'immense champ énergétique de l'univers, ainsi que nous l'avons fait dans le chapitre sur la physique quantique. Dans ce contexte, pensez plus prosaïquement au cerveau comme à une bonne vieille machine newtonienne, en fait une machine à peinture (les cerveaux sont incroyablement polyvalents — une image ne suffit pas).

Par « machine à peinture », je ne veux pas dire un pistolet-robot qui peindrait toute une pièce sans le moindre défaut, plinthes comprises. J'aimerais bien avoir une de ces machines mythiques ! Non, je parle d'une machine qui mélange les couleurs et vous permet d'obtenir exactement la teinte désirée. Ces machines comportent un ensemble de cylindres où sont entreposées diverses couleurs. Le technicien laisse sortir les proportions précises de couleurs dans un pot de peinture blanche afin de produire la teinte exacte demandée. Il n'existe pas de peinture seulement rouge, verte ou bleue ; il y a plutôt des centaines de variations de chacune de ces couleurs, tout comme les clients les trouvent dans les nuanciers lorsqu'ils veulent sélectionner une couleur pour peindre leurs murs.

Dans cette analogie, le cerveau ressemble au mélangeur de peinture. Sauf que, au lieu de mélanger diverses couleurs, *le cerveau est une machine à mélanger les philtres d'amour* grâce à un éventail d'hormones et de substances neurochimiques que les chercheurs ont associées à la biochimie de l'amour. En pleine passion des débuts, votre cerveau peut commander un « rouge passion » en relâchant un grand nombre de gouttes de testostérone dans le mélange. Et tout s'est bien passé. Alors, votre cerveau commande du « rose nostalgie d'amour » avec beaucoup de dopamine qui vous motive à entretenir le plaisir avec l'objet de vos désirs. Lorsque vous êtes convaincu d'avoir trouvé LA bonne personne, votre cerveau commande du « bleu lavande amour de ma vie », une substance chargée en accélérateurs de lien, la vasopressine et l'ocytocine, et affreusement peu chargée en sérotonine, ce qui signifie que vous faites de plus en plus de fixation sur votre Véritable Amour, au point même d'en faire une obsession. Lorsque vous défiez le divorce et les relations malheureuses pour vous orienter vers le bonheur éternel, le cerveau vous sert un « bleu encore follement amoureux » avec une énorme giclée de la substance des câlineries, l'ocytocine.

Vous avez compris. Notre cerveau dispose d'un nombre d'ingrédients — des « teintures » neurochimiques — qui peuvent être mélangés en proportions variables pour produire les potions spécifiques qui nous poussent d'abord à nous accoupler, ensuite à nous engager, ce qui donne une meilleure chance de survie aux bébés humains démunis. Les scientifiques ont encore beaucoup à apprendre sur la composition de ces puissants philtres d'amour, mais je vais vous présenter quelques-uns des ingrédients qui ont déjà été étudiés.

Estrogène et testostérone : accouplement

Quand les oiseaux et les abeilles « font ça », il n'est pas question pour eux de tomber amoureux. Il est question de s'accoupler. Prenons l'étoile de mer comme exemple. La femelle pond ses œufs dans l'eau et les mâles déposent leur laitance dans la même eau. À un certain moment, les deux se rencontrent et engendrent une autre génération d'étoiles de mer. On ne peut pas vraiment parler d'enchevêtrement ici !

L'accouplement d'un humain animé par le désir exige plus d'enchevêtrements que cela, bien qu'un partenariat à long terme ne l'exige pas. Quand il s'agit seulement de plaisir, deux hormones sexuelles jouent un grand rôle : la testostérone, bien connue pour donner du carburant aux mâles alpha plus intéressés par le sexe que par l'engagement, et l'estrogène, bien connu pour augmenter la fertilité chez la femme[5].

Bien que la testostérone soit principalement associée aux hommes et l'estrogène aux femmes, ces deux hormones jouent un rôle reproductif chez les deux sexes. Les hommes produisent en moyenne dix fois plus de testostérone que les femmes et, bien entendu, les hommes qui ont un taux élevé de testostérone ne font pas de bons compagnons de vie. Ils tendent à divorcer plus souvent, à abuser de leurs femmes plus fréquemment et à avoir plus d'aventures que les hommes qui ont des taux moins stratosphériques de testostérone[6]. Par contre, la testostérone déclenche le désir sexuel chez les deux sexes[7].

Le taux d'estrogènes monte en flèche lorsque les femmes sont fertiles, alors que les hommes ne produisent en moyenne qu'une fraction de l'estrogène produit par les femmes. Mais les chercheurs ont découvert que l'estrogène joue un rôle dans la sexualité masculine, entre autres en permettant au sperme de maturer[8].

Mon exemple préféré des rôles compliqués que l'estrogène et la testostérone jouent chez les hommes et les femmes provient du royaume aviaire, plus précisément du diamant mandarin. À un moment de son développement embryonnaire, le diamant mandarin mâle produit de l'estrogène, qui est transformé dans son cerveau en une hormone semblable à de la testostérone, ce qui permet à l'oiseau mâle de chanter. Étant donné que les diamants mandarins mâles commencent à chanter à la puberté, les chercheurs pensent qu'à l'instar des femmes qui se pâment lorsque leurs prétendants chantent sous leur balcon, les femelles du diamant mandarin accourent vers le chant de leur prétendant[9].

Les rôles joués par l'estrogène et la testostérone dans les systèmes reproducteurs masculin et féminin sont sans aucun doute plus complexes que ce que l'on pensait. Toutefois, il est évident que les deux nous aident à faire les premiers pas pour assurer la survie de notre espèce.

Dopamine : plaisir et manque

Alors que l'estrogène et la testostérone poussent les humains vers la sexualité, ces derniers ne pourraient jamais s'adonner avec suffisamment de fréquence et d'ardeur à la sexualité si celle-ci ne procurait pas de plaisir. C'est là que le neurotransmetteur appelé dopamine entre en jeu ; cette substance chimique pousse à répéter les expériences agréables. Lorsque votre taux de dopamine est élevé, vous êtes égayé. Vous ne vous cachez pas sous les couvertures en solitaire chez vous. Vous êtes motivé à sortir et à avoir du plaisir[10].

Vu le rôle de la dopamine dans la motivation à la reproduction, il n'est pas surprenant qu'elle soit une molécule d'évolution ancienne. En fait, le rôle de la dopamine chez les organismes dont l'évolution est simple, les nématodes microscopiques par exemple, est presque identique au rôle qu'elle joue chez les humains. C'est la raison pour laquelle les chercheurs de l'Université du Texas peuvent se servir de nématodes génétiquement modifiés et déficients en dopamine pour trouver des médicaments aptes à traiter la maladie de Parkinson, caractérisée par la perte de cellules productrices de dopamine dans le cerveau[11].

La dopamine est synthétisée dans les profondeurs du cerveau, dans son aire tegmentale ventrale, et libérée dans le noyau accumbens de l'aire frontale du cerveau. Ce sont des zones clés en ce qui concerne le plaisir et la gratification.

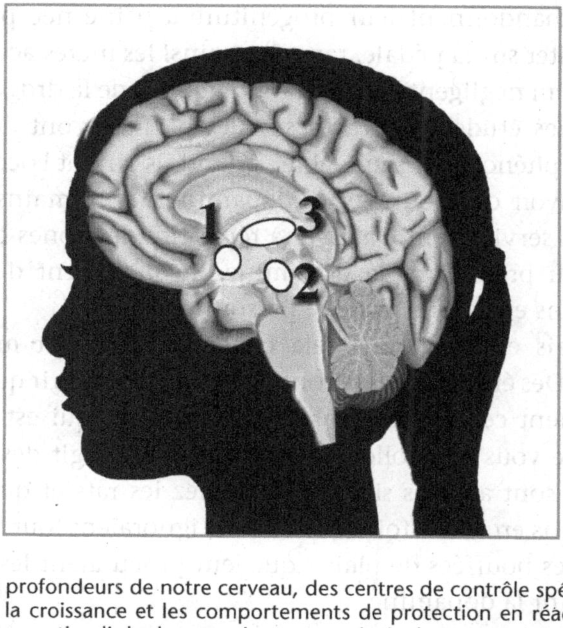

Dans les profondeurs de notre cerveau, des centres de contrôle spécifiques activent la croissance et les comportements de protection en réaction au plaisir et aux stimuli douloureux. Le centre principal comprend 1) le noyau accumbens, 2) l' aire tegmentale ventrale et 3) le pallidum ventral.

Mais n'importe qui ayant été la proie d'une accoutumance peut vous dire que ce circuit a un côté sombre. Celui-ci est activé par toutes sortes d'activités ou de substances agréables et potentiellement addictives connues des humains, y compris la cocaïne, l'héroïne, le sexe, le jeu, le magasinage et les aliments à haute teneur en calories. Par conséquent, une trop grande stimulation peut se traduire par des manques désespérés et par un comportement compulsif d'accoutumance[12].

L'attirance inéluctable vers la dopamine a été prouvée maintes fois chez les animaux, dès les années 1950. Des rats avec des électrodes implantées dans la zone du cerveau où la dopamine est produite appuient sans cesse sur une pédale qui active le circuit plaisir-gratification, jusqu'à sept mille fois par heure. Les rats préfèrent activer le circuit plaisir-gratification plutôt que manger et boire. Les rates abandonnent leur progéniture à peine née pour se précipiter sur la pédale, rappelant ainsi les mères accros au crack qui négligent leurs enfants au profit de la drogue. Les quelques études effectuées sur des humains ont démontré un phénomène semblable : quand ils en ont l'occasion, pour avoir des bourrées de dopamine, les humains choisissent servilement d'activer à répétition les zones de leur cerveau produisant la dopamine, au détriment de leurs relations et de leur hygiène personnelle[13].

Mais en quoi tout cela concerne-t-il l'effet lune de miel ? Des études récentes ont permis de découvrir que c'est justement ce circuit de plaisir-gratification qui est activé lorsque vous êtes follement amoureux. Il s'agit des zones qui se sont avérées si addictives chez les rats et quelques humains en laboratoire que ceux-ci ignoraient tout le reste pour les bouffées de plaisir que leur procuraient les zones générant la dopamine.

En 2000, Andreas Bartels et Semir Zeki de l'Université College London [UCL] ont recruté 17 étudiants follement amoureux et scanné leurs cerveaux pendant qu'ils regardaient une photo de leur bien-aimé(e) et lorsqu'ils regardaient une photo d'un ami. Le circuit riche en dopamine du plaisir et de la gratification déclenchait une lumière dans le premier cas, mais pas dans le deuxième. Bartels et Zeki en ont conclu qu'il « est peut-être surprenant qu'un sentiment aussi complexe et important que l'amour corresponde à des réactions aussi différentes dans des zones si restreintes du cerveau et qu'il est fascinant de penser que le visage qui a mis le feu aux poudres ait pu le faire dans une partie si limitée du cortex[14] ».

Les scientifiques ont sans doute été surpris de découvrir que le fait de tomber amoureux active le même circuit cérébral que lorsqu'on renifle de la cocaïne. Toutefois, tous ceux qui sont restés assis près du téléphone à attendre un appel, qui ont laissé tomber un emploi pour suivre leur amoureux ou qui sont restés prostrés et défaits dans un fauteuil une fois qu'on les a laissé tomber ne seront pas du tout surpris. Pour les gens qui tombent follement amoureux, l'amour peut ressembler aux montagnes russes. La démarcation est subtile entre « l'amour est la meilleure chose qui me soit arrivée » et, alors que vous attendez dans l'impatience et l'obsession la prochaine « piqûre » d'émotion amoureuse, « la pire chose qui me soit arrivée ».

Étant donné la fréquence des divorces et des ruptures, il n'est pas surprenant que les chercheurs affirment que pour la plupart des couples, les intenses montagnes russes ne durent qu'un an ou deux. Mais cela ne signifie pas pour autant que l'effet lune de miel ne peut pas durer. Lorsque des chercheurs ont scanné le cerveau de 17 femmes et hommes ayant dit qu'ils ou elles étaient encore intensément amoureux de leur conjoint après une moyenne de 21 ans de mariage, les zones riches en dopamine de leurs cerveaux associées à la gratification et à la motivation ont déclenché la lumière comme cela a été le cas chez les femmes et les hommes en pleine nouvelle passion. Selon les chercheurs, « ces données laissent entendre que la valeur de gratification associée à un conjoint à long terme peut être maintenue au même niveau qu'un nouvel amour ».

Mais cette étude a également permis de découvrir l'existence dans le cerveau de « bien plus nombreuses autres zones » ayant trait aux relations durables intenses et romantiques qu'à celles des relations amoureuses récentes, entre autres des zones associées à l'attachement et des zones qui peuvent modérer l'anxiété et la souffrance. Par conséquent, il semblerait que l'amour romantique durable offre un bonus. Voici ce qu'en ont conclu les chercheurs : « Les découvertes actuelles correspondent aux comportements observés et laissent entendre que la différence entre l'amour romantique à ses débuts et l'amour dans une phase ultérieure, c'est que la relation durable est beaucoup plus posée[15]. » Le plaisir de la dopamine se combine au calme qui est le propre d'un attachement solide à long terme. Cela m'a tout l'air d'être le bonheur éternel !

Vasopressine : établissement de liens et agression

Chez la plupart des espèces, les femelles et les mâles ne forment pas ce que les biologistes appellent des couples, encore moins des rapports assez forts pour appareiller les mille bateaux de la guerre de Troie. Chez 97 % des mammifères, par exemple, un mâle copule avec une femelle en chaleur et part ensuite à la recherche d'une autre femelle en chaleur afin d'engendrer le plus de progénitures possible. Puis les femelles élèvent seules leurs petits.

Pour comprendre ce qui anime les 3 % qui restent, les chercheurs ont étudié à fond le campagnol des prairies, un rongeur de la taille d'un hamster originaire du Midwest américain. Au contraire des campagnols des champs, leurs cousins relativement asociaux et aux mœurs légères, les campagnols des prairies établissent des liens qui durent toute la vie avec leur compagnon, participent à l'éducation de leur progéniture et protègent agressivement leurs nids. Lorsque l'occasion se présente, il arrive que les campagnols des prairies copulent ailleurs, mais la plupart reviennent vers le compagnon avec qui ils ont établi un lien à vie. En fait, les recherches sur le terrain ont prouvé que les couples de campagnols des prairies battent les humains quand il s'agit de liens à long terme. Les trois quarts des couples de campagnols des prairies perdurent jusqu'à ce que l'un d'eux meure et la plupart des survivants ne cherchent même pas de nouveau partenaire[16].

Les scientifiques ont cerné deux neuropeptides étroitement associés, la vasopressine et l'ocytocine, qui sont synthétisés dans l'hypothalamus et envoyés vers la glande pituitaire pour expliquer pourquoi les campagnols des prairies établissent de si forts liens. Les chercheurs ont trouvé des récepteurs pour ces deux molécules dans les zones du plaisir et de la gratification du mâle et de la femelle, ces zones qui s'allument au cours des tomographies cérébrales d'humains amoureux. Bien que la vasopressine et l'ocytocine puissent jouer un rôle dans la solidification des relations aussi bien chez les mâles que chez les femelles, les recherches ont été concentrées sur la vasopressine chez les campagnols des prairies mâles et sur l'ocytocine (plus de détails plus loin) chez les campagnols des prairies femelles[17].

Les mâles produisent beaucoup plus de vasopressine que les femelles, raison pour laquelle les chercheurs ont concentré leurs études sur les mâles. Chez les animaux, la vasopressine déclenche un comportement mâle caractéristique : le marquage du territoire et l'agressivité. Par exemple, les hamsters commencent à marquer leur territoire moins d'une minute après qu'on leur a injecté de la vasopressine. Lorsqu'un campagnol des prairies éjacule, son taux de vasopressine monte en flèche. Il devient immédiatement un compagnon et parent bienveillant. Pour corroborer davantage le rapport entre l'établissement de liens et la vasopressine, ajoutons que lorsqu'un campagnol des prairies mâle et vierge reçoit une injection de vasopressine, il se met à défendre son territoire et devient aussitôt très possessif. Ces études révèlent que la vasopressine a un rapport non seulement avec l'établissement de lien, mais aussi avec l'agressivité[18].

On s'attendrait donc à ce que les différences de comportement entre les fidèles campagnols des prairies et les volages campagnols des champs s'expliquent par les différences de taux de vasopressine. Que plus il y en aurait, mieux ce serait. Mais ce n'est pas le cas. La différence clé tient à l'emplacement des récepteurs de vasopressine. Contrairement au campagnol des champs, les récepteurs de vasopressine du campagnol des prairies monogame se trouvent dans une des principales zones cérébrales de plaisir et de gratification, le pallidum ventral, juste à côté du noyau accumbens si riche en dopamine. Ces zones sont liées à l'accoutumance[19]. Les chercheurs ont découvert le même phénomène chez les primates. Les ouistitis monogames présentent de plus hauts taux de vasopressine dans les centres de gratification de leur cerveau que les macaques rhésus non monogames[20].

Forts de cette découverte, les chercheurs de l'Université Emory ont transformé les volages campagnols des champs en compagnons fidèles et parents bienveillants en dotant ces campagnols, mutants, de récepteurs de vasopressine dans leur centre de gratification[21]. Et les chercheurs ont également transformé les campagnols des prairies de laboratoire en goujats, en bloquant les récepteurs de vasopressine dans le septum latéral de leur cerveau[22].

À la grande déception des femmes qui ont des conjoints volages, le comportement humain est trop complexe pour envisager de telles modifications. Comme il est beaucoup plus difficile d'étudier les humains, il est trop tôt pour affirmer que les mâles humains copient les campagnols des prairies. Mais la vasopressine est produite chez les humains lorsqu'ils font l'amour, comme c'est le cas chez les campagnols des prairies. Cela prouve encore plus que les centres de gratification du cerveau ont un rapport avec l'établissement des liens et des rapports amoureux chez les humains, comme c'est le cas chez les campagnols des prairies. Les scientifiques sont de plus en plus convaincus que nous pouvons apprendre beaucoup des campagnols des prairies monogames et que chez les mâles humains, du moins, la vasopressine est un ingrédient clé des philtres d'amour qui favorisent l'établissement de lien.

Ocytocine : la colle de l'amour

Si la biochimie était simple, ce qu'elle n'est pas, tout ce dont vous auriez besoin, c'est de l'ocytocine, dont la réputation pour la formation de lien est claire vu les surnoms dont on l'a affublée : drogue d'amour, substance chimique des câlins et hormone de la confiance.

Auparavant, l'ocytocine était seulement connue comme la molécule qui activait les contractions utérines pendant le travail, la lactation chez les mamans qui allaitent et l'intense lien entre la mère et sa progéniture dans le monde des mammifères. Lorsqu'on injecte de l'ocytocine dans le cerveau de rats vierges, celle-ci engendre rapidement un comportement maternel : les mères rates traverseront même une grille électrifiée pour aller nourrir leurs bébés. Toutefois, lorsqu'on bloque l'ocytocine, les mamans rates rejettent leurs bébés.

Mais les chercheurs qui ont étudié les campagnols des prairies de sexe féminin ont découvert que l'ocytocine encourage l'établissement d'un lien avec un compagnon masculin tout autant qu'elle encourage le mâle à nouer un lien avec une partenaire femelle. Vu que leurs cerveaux sont gorgés de récepteurs d'ocytocine dans les centres de gratification et que les taux d'ocytocine augmentent pendant l'accouplement, les campagnols des prairies femelles et monogames apprennent à associer la sensation de plaisir à leur compagnon, tout comme les humains le font. Lorsque l'ocytocine est bloquée, ces mêmes femelles n'établissent aucun lien avec leur compagnon[23].

Tandis que ces études sur les animaux ont instauré de bonnes bases pour la compréhension de l'importance de l'ocytocine dans l'établissement du lien chez les couples, ce sont des études sur les couples humains qui ont fait de cette molécule une superstar en dehors des milieux scientifiques.

Au cours d'une étude particulière, des chercheurs helvétiques ont donné à 47 couples un vaporisateur nasal contenant soit de l'ocytocine, soit un placebo. Les couples ont ensuite été filmés alors qu'ils entreprenaient une discussion qualifiée de conflictuelle. Ceux qui avaient reçu de l'ocytocine présentaient un comportement plus positif et des taux inférieurs de cortisol, l'hormone du stress[24]. D'autres études laissent entendre que l'ocytocine suscite la confiance. Au cours d'une expérience, les sujets ont reçu une somme d'argent qu'ils devaient investir auprès d'un fiduciaire. La moitié des participants s'était vaporisée de l'ocytocine dans le nez avant l'expérience, alors que l'autre moitié s'était vaporisée un placebo. Les premiers ont eu presque deux fois plus tendance à confier tout leur argent à un fiduciaire[25]. Par ailleurs, une étude produite par le National Institute of Mental Health («Institut national de santé mentale») a démontré que les sujets qui se vaporisaient le nez avec de l'ocytocine avant de regarder des photos de visages menaçants présentaient moins d'activité dans les centres cérébraux de la peur[26].

Il n'est donc pas surprenant, vu sa réputation, que les vendeurs d'ocytocine en vaporisateur nasal et en gouttes sublinguales aient proliféré sur Internet (un de ces produits est même appelé Liquid Trust, «Confiance liquide»). Ces produits s'adressent à un grand éventail de consommateurs potentiels, y compris les célibataires qui cherchent une relation, les couples en guerre qui espèrent sauver leur relation et les vendeurs qui veulent s'attirer la confiance des gens. Mais les couples qui ont de la jugeote et qui cultivent leur relation avec un grand degré de confiance et des liens forts savent qu'à l'instar des campagnols des prairies, ils peuvent augmenter ensemble leur taux d'ocytocine de façon plus agréable en s'embrassant, en se touchant, en se faisant des câlins et en faisant l'amour. Et ce, sans dépenser un sou!

Sérotonine : obsession

En 1999, la psychiatre Donatella Marazziti et ses collègues de l'Université de Pise (le même groupe de chercheurs qui avaient trouvé des taux élevés de cortisol chez les sujets follement amoureux) ont décidé de tester l'idée que les premières phases de l'amour romantique ressemblent au trouble obsessionnel compulsif [TOC]. C'était une déduction logique si on considère le nombre d'heures que les gens amoureux disent penser à l'autre («tout le temps» n'étant pas une possibilité rare) et le nombre de chansons d'amour plaintives créées autour du thème je-n'arrive-pas-à-me-la (le)-sortir-de-la-tête.

Marazziti et ses collègues ont donc recruté 20 sujets qui étaient tombés amoureux au cours des six mois précédents et qui passaient au moins quatre heures par jour à penser à leur amoureux. Ils ont également recruté 20 patients à qui on avait diagnostiqué un trouble obsessionnel compulsif, mais qui ne prenaient pas de médicaments, et 20 sujets de contrôle ni amoureux ni atteints du même trouble. Lorsque les chercheurs ont analysé le sang de leurs sujets, ils ont découvert que ceux qui faisaient partie du groupe souffrant d'un trouble obsessionnel compulsif et ceux qui étaient amoureux présentaient des taux similairement bas de 5-HT, une protéine qui transporte la sérotonine entre les cellules cérébrales.

Mais les chercheurs ont également découvert que les similarités entre ceux qui étaient amoureux et ceux qui souffraient pathologiquement d'un trouble obsessionnel compulsif ne duraient pas longtemps. Lorsque les chercheurs ont analysé le sang de quelques sujets amoureux pendant douze à dix-huit mois après le début de leur relation, ils ont découvert que leur taux de 5-HT était retombé au même niveau normal que celui du groupe témoin. En conclusion, et avec ces résultats, les chercheurs de l'Université de Pise ont déclaré que «le fait d'être amoureux engendre un état qui n'est pas normal, ainsi que le suggère un certain nombre d'expressions idiomatiques employées au cours des âges dans divers pays, expressions qui utilisent souvent la notion de folie : tomber follement amoureux ou être fou d'amour[27] ».

En plus de la folie amoureuse et du trouble obsessionnel compulsif, les faibles taux de sérotonine dans le cerveau ont été associés à toutes sortes de troubles, de la dépression au trouble affectif saisonnier en passant par la violence et la colère. En fait, un faible taux de sérotonine associé à une montée en flèche de dopamine et de cortisol (hormone du stress) peut aider à expliquer la colère que ressentent les amoureux lorsqu'on les laisse tomber.

Dans son ouvrage intitulé *Pourquoi nous aimons*, l'anthropologue Helen Fisher explique le fondement neurologique que le psychologue légiste J. Reid Meloy qualifie de « colère d'abandon » : « Le principal réseau cérébral correspondant à la colère est étroitement lié aux centres situés dans le cortex préfrontal, qui traite l'évaluation de la gratification ainsi que l'attente de la gratification. Et lorsque les gens et d'autres animaux commencent à réaliser que la gratification attendue ne vient pas ou est impossible à obtenir, ces centres du cortex préfrontal envoient des signaux au noyau amygdalien et déclenchent la colère. Par exemple, lorsque les circuits cérébraux de la gratification chez un chat sont stimulés de façon artificielle, celui-ci ressent un intense plaisir. Si on arrête la stimulation, il mord. Et chaque fois que le plaisir lui est retiré, le chat est de plus en plus en colère. »

Il en va de même pour les humains. Ainsi que l'a écrit William Congreve, « une femme dédaignée est plus à craindre que toutes les furies vomies par l'enfer ». Helen Fisher raconte l'histoire de Barbara, un de ses sujets. Fisher avait d'abord scanné le cerveau de Barbara dans le cadre d'une étude sur les gens follement amoureux. À cette époque, Barbara rayonnait de santé, d'optimisme et d'amour pour son compagnon, Michael. Cinq mois plus tard, lorsque Helen Fisher scanna de nouveau le cerveau de Barbara après que Michael l'eut rejetée, le visage de celle-ci était terne et zébré de larmes. Elle avait perdu du poids et avait décrit sa misère ainsi : « J'ai une boule de malheur dans la poitrine. » L'infortune de Barbara s'est transformée en furie quand elle a vu une photo de Michael alors qu'on lui scannait le cerveau. Elle a violemment apostrophé Helen Fisher : « Pour quelle raison étudiez-vous tout ça[28] ? »

Dans les cas extrêmes, les amoureux dépités ont parfois recours au harcèlement et à la violence, sinon au meurtre. Toutefois, la plupart des gens se vautrent plutôt dans leur misère pendant un certain temps puis se remettent peu à peu, surtout s'ils rencontrent une autre personne assez rapidement.

Vous pourriez penser qu'une façon d'amoindrir la colère à la suite d'un abandon serait de s'occuper de soi en augmentant son taux de sérotonine. Mais, comme c'est le cas pour tous les ingrédients contenus dans les philtres d'amour, ce n'est pas si simple que ça, et trop en prendre n'est pas nécessairement mieux. Ces substances chimiques fonctionnent en synergie et peuvent avoir des effets différents selon les zones du cerveau et du corps concernées. Par ailleurs, s'en servir pour se remonter le moral peut se retourner contre soi. Par exemple, il existe un nombre d'effets secondaires bien étayés par la recherche (baisse de la libido entre autres) et reliés à la prise des antidépresseurs si largement prescrits, dont le Prozac ou le Paxil, connus pour être des inhibiteurs sélectifs de la recapture de la sérotonine, dont l'objectif est d'augmenter le taux de sérotonine.

Même la substance chimique des câlins qu'est l'ocytocine, qui présente un certain potentiel pour le traitement de l'autisme et à qui l'on doit d'irréfutables formations de liens affectifs, a ses côtés sombres selon des recherches récentes. En effet, des chercheurs belges ont découvert que l'ocytocine ne provoque pas inconditionnellement la confiance. Elle rend les gens plus coopératifs lorsqu'ils participent à un jeu social avec quelqu'un qu'ils ont rencontré avant le jeu. Mais elle les rend moins coopératifs lorsqu'ils jouent avec des gens qu'ils ne connaissent pas[29]. Des chercheurs hollandais ont également découvert que leurs sujets devenaient plus ethnocentriques quand ils étaient sous l'influence de l'ocytocine. Lorsqu'on a demandé de résoudre un dilemme moral, entre autres de choisir de sauver cinq personnes d'un train hors de contrôle en sacrifiant une vie, les hommes hollandais ayant reniflé de l'ocytocine sauvaient plus souvent leurs compatriotes que les Arabes et les Allemands, contrairement aux participants du groupe témoin[30]. « Il apparaît maintenant clairement que la prise d'hormones n'est pas sans inconvénient. Même si l'ocytocine semble un truc approprié pour rétablir la paix en ce moment chez les « rongeurs » de ce monde, il n'existe aucun déclencheur hormonal pouvant nous faire devenir de meilleurs humains », a écrit Robert M. Sapolsky, professeur de neuroscience à l'Université Stanford, dans un article paru dans *The Los Angeles Times* et intitulé « Paix, amour et ocytocine[31] ».

Au lieu d'essayer de trouver une potion magique pour améliorer votre vie, il vaut mieux adopter la stratégie qui consiste à concentrer votre attention sur votre esprit, puisque la biochimie reflète les perceptions. Avant de passer des philtres d'amour au prochain chapitre, qui traite du mental, le moment est propice pour vous signaler que le flot de substances chimiques contrôlant l'amour peut non seulement être déclenché quand on tombe amoureux de quelqu'un, mais aussi quand on s'entiche d'une idée ou d'un projet. Un artiste qui peint avec frénésie, un entrepreneur qui lance sa compagnie, un biologiste cellulaire qui écrit un livre sur l'effet lune de miel, un adolescent amoureux, là où il y a de la passion, on trouve pas loin derrière les mélanges chimiques puissants qui nous incitent à poursuivre l'objet de notre désir.

CHAPITRE 4

Quatre cerveaux qui ne sont pas sur la même longueur d'onde

Ce qu'il y a de magique avec le premier amour, c'est que nous ignorons qu'il peut se terminer à tout moment.

— Benjamin Disraeli

Les vibrations étaient bonnes. Vous étiez dans un état d'exultation grâce aux philtres d'amour qui parcouraient votre corps. Vous fredonniez toutes les chansons d'amour fou que vous aviez entendues dans votre vie et, pour une fois, elles faisaient sens. Vous aviez créé l'effet lune de miel avec l'amour de votre vie et vous saviez que, cette fois, il durerait pour toujours.

Sauf que cela n'a pas été le cas.

Tout s'est écroulé, vous laissant dévasté et obsédé par ce qui aurait pu être. Vous êtes également resté perplexe, vous demandant comment il se pouvait que quelque chose d'aussi magique dégénère en incessantes récriminations et chamailleries et, si vous étiez marié, en divorce.

Après tout, vous *vouliez* que cela fonctionne. Vous *avez cru* que cela fonctionnerait. Peut-être avez-vous pensé que *la biologie des croyances* c'était pour les autres, pas pour vous. Mais c'est aussi pour vous! Cependant, un piège explique pourquoi la pensée positive et le fait de croire ne fonctionnent pas en soi.

Le piège, c'est que lorsque vous étiez si étroitement liés l'un à l'autre pendant ces premiers et divins jours ou mois, vos actes et vos comportements étaient régis par vos esprits conscients respectifs. L'esprit conscient est l'esprit créatif, celui qui agit en fonction de vos souhaits et désirs. Ainsi, lorsque les esprits créatifs de deux amoureux s'enchevêtrent, ils créent ensemble une harmonie magique. Parce que le couple en lune de miel fonctionne à partir de ses plus profonds souhaits et désirs, le résultat de l'interaction des deux amoureux devient le paradis sur terre!

Toutefois, avec le temps, le conscient se laisse assaillir par des pensées concernant le train-train quotidien—équilibre du budget, attribution des tâches, planification des fins de semaine. Le fonctionnement du conscient passe à un autre registre, celui de la gestion et des stratégies nécessaires aux besoins perçus. Résultat? Le conscient passe le contrôle du comportement aux programmes par défaut qui se trouvent dans l'inconscient.

Dès lors, il y a soudainement quatre cerveaux dans le couple au lieu de deux. Et ces deux aspects propres à l'inconscient peuvent semer la zizanie dans des rapports de bonheur soi-disant éternel. Lorsque notre conscient cesse de prêter attention au moment présent, nous perdons de vue la lune de miel que nous avons créée parce que, sans le savoir, nous emboîtons le pas à des comportements préprogrammés acquis au cours de nos expériences. Pour nombre de couples, une fois que la programmation de l'inconscient prend le dessus, la lune de miel s'estompe très rapidement.

Ce n'est pas surprenant. En effet, les comportements programmés dans l'inconscient proviennent principalement de l'observation et de l'adoption de comportements appartenant à d'autres personnes (nombre de ces comportements étant négatifs et débilitants)—en particulier ceux des parents, de la famille proche, de la communauté et de la culture. Vous commencez dès lors à percevoir chez votre conjoint (et chez vous) un aspect qui n'était jamais apparu pendant la lune de miel. Lorsque le conscient cesse de prêter attention au moment présent, vous adoptez automatiquement et, chose encore plus importante, inconsciemment, des comportements que vous avez « téléchargés » à partir d'autres personnes.

Voici un scénario qui vous sera peut-être très familier.

Vous baignez dans l'effet lune de miel, remplie d'amour pour votre bienveillant conjoint qui est la lumière de vos jours. Puis, un beau jour, vous lui posez une simple question de façon aimable. Dans l'instant, il ne pense pas à la belle qualité de votre relation. Son esprit conscient est occupé à réparer la voiture ou à payer le loyer. Alors, il vous répond de façon machinale et désagréable, sur un ton qui veut dire : « Laisse-moi tranquille ! » Sous le choc, vous lui lancez : « Mais qui es-tu ? »

Vous venez juste de connaître le premier moment où la lune de miel commence à s'effriter. Votre conjoint a répondu de façon si inconsciente qu'il ne s'est même pas rendu compte à quel point il avait été désagréable. Et, en réaction à ce qu'il perçoit comme une « attaque » personnelle concernant son caractère, il se braque et se défend à mort. Il pense : *Elle m'a accusé de ne pas être moi. Mais je suis identique à ce que j'ai toujours été. Je ne sais pas de quoi elle parle. C'est quoi son problème ?*

Pendant ce temps, vous vous demandez : *Où est l'homme bienveillant que j'ai épousé?* Votre conscient se détache du moment présent pour évaluer la situation désagréable dans laquelle vous vous trouvez maintenant. Et, à votre insu, vous emboîtez vous aussi le pas à vos inconscients programmes et comportements par défaut, acquis auprès de votre famille et de votre culture. Cette fois, c'est au tour de votre conjoint d'être pris par surprise, car cette épouse autrefois si aimable plonge dans les critiques et les reproches, ainsi que dans d'autres programmes hérités de ses parents.

Tandis que les problèmes quotidiens de la vie occupent toujours davantage votre conscient ainsi que celui de votre conjoint, plus de comportements inconscients et disharmonieux font surface. Rapidement, chacun de vous cesse d'apprécier l'autre pour faire une fixation sur ses désagréables éclats périodiques. Tous les deux vous adoptez une attitude défensive et commencez à critiquer les défauts l'un de l'autre : il ne range jamais ses choses, elle ne remet jamais le bouchon sur le tube de dentifrice, etc. Tout ce que vous avez ignoré durant les premiers élans d'amour vous agace désormais.

Si vous vous êtes rencontrés grâce à un site de rencontres sur Internet, vous voulez tous deux être remboursés! *Il (elle) n'a pas rempli le questionnaire avec honnêteté!* Mais, en fait, vous avez tous les deux répondu au questionnaire en toute bonne foi. Vous l'avez rempli de façon consciente, et c'est là où le bât blesse. Les réponses précises que vous avez fournies et qui provenaient de votre conscient représentent véritablement les personnes que vous aspirez à être. Malheureusement, le caractère du «vous» qui a répondu au questionnaire ne s'exprime normalement que seulement 5% du temps. Ce que les deux personnes ont manqué d'inclure dans leur questionnaire, ce sont les programmes inconscients, acquis d'autrui, qui sabotent et limitent. Ce sont ces programmes que nous adoptons tous de manière inconsciente environ 95 % du temps.

Lorsque les comportements non sollicités apparaissent 95 % du temps, votre conjoint et vous avez presque définitivement délaissé la lune de miel et retrouvé la façon traditionnelle de fonctionner. Si n'importe lequel de ces comportements destructeurs et troublants jusqu'ici invisibles avait fait surface le premier jour de la relation, il n'y aurait sans doute pas eu de deuxième jour. Vous vous demandez maintenant si vous devriez réduire vos attentes et accepter ce que la relation est devenue, car « la vie, c'est comme ça, et je dois accepter le mauvais comme le bon ». Ou peut-être que les nombreux compromis que vous ferez pour vous ajuster au comportement abusif de l'autre vous deviendront si intolérables que le rapport qui semblait auparavant indestructible volera en éclats. Vous vous direz : « Au diable tout ça. Je n'en peux plus. » Et vous partirez (de nouveau) en quête de ce que vous aviez trouvé.

Le responsable de ce cycle répétitif est invisible : ce sont les comportements encodés dans votre inconscient et dans celui de votre conjoint. Vos conscients vous ont respectivement lancés tous les deux à la recherche d'un conjoint tendre et se sont réjouis lorsque vous l'avez trouvé. Pourtant, vos inconscients respectifs sont en train de détruire ce que vous aviez créé. Par contre, une fois que vous savez que quatre cerveaux entrent en jeu dans la relation, et de quelle manière modifier les programmes négatifs de l'inconscient, vous disposez d'outils pour recréer ce que vous avez perdu.

L'esprit créatif conscient qui vise haut

Afin de mieux comprendre comment tout cela survient, parlons davantage du rapport entre le cerveau et l'esprit. Le cerveau humain est un dispositif physique semblable à une radio. L'esprit, aussi bien conscient qu'inconscient, est comparable à l'émission préalablement programmée que vous entendez à la radio. L'activité du conscient est principalement associée à l'activité neurale du cortex préfrontal, le dernier ajout évolutif au cerveau humain.

Le conscient est le siège de votre identité personnelle. C'est lui qui gère vos souhaits, vos désirs et vos aspirations. Lorsque je vous demande quel genre de relations vous voulez dans votre vie, la réponse noble arrive de votre conscient : je veux une relation fondée sur l'amour, l'égalité, le respect et la compatibilité sexuelle. Il s'agit de la pensée positive qui colle sur le réfrigérateur des affichettes où on peut lire : «Je mérite une relation d'amour» ou «Je mange sainement».

Il s'agit du conscient créatif qui peut aussi bien se tourner vers le passé que vers le futur. Il n'est pas limité par le temps. Votre conscient peut très bien répondre à des questions sur ce que vous ferez mercredi prochain ou sur ce que vous avez fait mercredi passé. C'est la partie de votre esprit qui peut se détacher du moment présent et rêvasser toute la journée à ce qui pourrait arriver : vous pourriez gagner à la loterie ou rencontrer le prince charmant.

Mais, un instant! Si votre conscient ne prête pas attention au moment présent et ne le gère pas parce qu'il est trop occupé à générer de grandes pensées ou à rêvasser sur le genre de vie que vous aimeriez vivre, qui mène le bal? Les chercheurs du domaine de la neuroscience précisent que, vu l'aptitude du conscient à sauter d'une pensée à l'autre, les humains n'utilisent en moyenne leur conscient créateur que 5 % du temps pour contrôler l'activité cognitive qui régule les comportements (je l'ai déjà mentionné, mais cela vaut la peine de le répéter). Donc, par défaut, les autres 95 % de l'activité cognitive sont contrôlés par les programmes déjà acquis que nous avons téléchargés dans l'inconscient[1].

Le sempiternel inconscient rejoue les mêmes disques

Que les autocollants sur le réfrigérateur se le tiennent pour dit, l'inconscient est la partie de l'esprit qui nous pousse à nous jeter sur le chou à la crème dans le réfrigérateur ou à tomber sur le plus grand débile dans une soirée... une fois de plus. L'inconscient est associé à l'activité neurale d'une partie plus grande du cerveau (environ 90 %) que celle attribuée au conscient (cortex préfrontal). L'inconscient exerce également une influence beaucoup plus profonde sur notre comportement que notre conscient. Le cortex préfrontal associé (conscient) peut traiter et gérer 40 dérisoires impulsions nerveuses à la seconde, alors que l'inconscient (90 % du cerveau) peut en traiter 40 millions ! C'est ce qui rend l'inconscient un million de fois plus puissant que le conscient[2].

À ce point-ci, il est possible que vous adoptiez une attitude absolument négative face à votre puissant inconscient, qui sabote tous les beaux efforts que vous faites pour créer l'effet lune de miel dans votre vie et résister aux choux à la crème. (Margaret qualifie ce genre de décision de « cercles de mort ».) Mais l'inconscient joue un rôle très important et précieux dans le développement humain et dans notre vie quotidienne. En tout cas, je perds mon temps à combattre ou à blâmer mon inconscient lorsque j'ai la tentation de m'enfiler un chou à la crème. Pourquoi ? Parce que mon conscient me réprimande : *Espèce d'imbécile! Pourquoi en as-tu mangé alors que tu venais juste de promettre de résister?*

Je peux hurler et faire autant de reproches que je veux, je perds simplement mon temps parce qu'il n'y a personne dans l'inconscient pour réagir à mes déblatérations! Diaboliser l'inconscient, c'est comme hurler après la télévision. Est-ce que votre télévision est une bonne ou une mauvaise chose? Ni l'une ni l'autre. Par contre, il faut vous demander quelles émissions vous regardez à la télévision. Ne jetez pas le blâme sur la télévision, mais sur la programmation! Votre inconscient est-il une bonne ou une mauvaise chose? Ni l'une ni l'autre. L'inconscient est principalement un fantastique mécanisme qui fait rejouer les mêmes disques et qui, à l'inverse du conscient créatif, n'exprime que peu de créativité et n'a aucun sens du temps. Pour lui, c'est toujours le moment présent; le futur n'existe pas. Il ne vous écoute certainement pas ou il ignore vos réprimandes à son égard!

En définitive, au lieu de diaboliser votre inconscient ou de vous battre contre lui parce que ses programmes vous dérangent, il vaut mieux reconnaître son pouvoir. Je vous concède que ce livre serait très déprimant à lire si je cherchais seulement à vous expliquer comment vos meilleures intentions et vos plus belles histoires d'amour ont été sabotées par votre inconscient, si je ne vous donnais pas d'outils pour reprogrammer votre inconscient. Fort heureusement, nous ne sommes pas condamnés à vivre avec les comportements autosaboteurs de notre inconscient.

Toutefois, avant d'aborder la manière de reprogrammer votre inconscient, je vais vous expliquer d'où proviennent tous les programmes négatifs (ils ne viennent pas de vous). Ensuite, je vous fournirai des outils pour reprogrammer votre inconscient et éliminer les obstacles invisibles qui vous empêchent de créer et de maintenir l'effet lune de miel dans votre vie.

Programmation in utero

Les médecins pensaient autrefois (et certains le pensent encore) que tout ce que les femmes enceintes peuvent faire pour assurer la santé de leur enfant, c'est de bien s'alimenter, de prendre des vitamines et des minéraux, et de faire de l'exercice. Selon le courant de pensée traditionnel, les gènes s'occuperont du reste. Mais des recherches plus récentes ont mis de côté le mythe que l'enfant en gestation n'est pas assez évolué pour réagir à autre chose qu'à l'alimentation. Il s'avère que plus les chercheurs en apprennent sur tout cela, plus ils réalisent à quel point le fœtus et son système nerveux sont évolués, car le potentiel d'apprentissage du fœtus et sa sensibilité sont immenses. « La vérité, c'est que tout ce à quoi nous avons traditionnellement cru sur les bébés est faux. Nous avons mal compris et sous-estimé leurs aptitudes. Ils ne sont pas des êtres simples, mais des créatures complexes sans âge, de petites créatures dotées, de façon inattendue, de grandes pensées », écrit David Chamberlain dans son ouvrage *The Mind of Your Newborn Baby*[3] (« L'esprit de votre nouveau-né »).

Dans un monde fondé sur la notion de contrôle génétique, où les gènes déterminent le destin d'un organisme, la science se contentait de se concentrer uniquement sur l'impact de la contribution nutritionnelle du sang maternel afin que le développement du fœtus s'effectue correctement. Toutefois, depuis la révolution épigénétique et après que la nouvelle science a révélé que ce sont les signaux provenant de l'environnement qui contrôlent l'expression des gènes, nous savons que le développement du fœtus subit davantage d'influence que seulement celle des nutriments contenus dans le sang de sa mère. Le sang maternel contient également un grand échantillonnage de molécules d'information, entre autres les substances chimiques, les hormones et les facteurs de croissance qui déterminent et contrôlent la santé émotionnelle et physique de la mère.

Maintenant, nous savons que les substances chimiques qui donnent forme aux expériences et aux comportements de la mère traversent le placenta et ciblent les mêmes cellules et gènes chez le fœtus que chez la mère. Par conséquent, le fœtus en développement baigne dans la même chimie sanguine que sa mère et fait l'expérience des mêmes émotions et de la même expérience physiologique que celle-ci.

Par exemple, le fœtus absorbera le cortisol et d'autres hormones de stress si sa mère est constamment anxieuse. Si l'enfant n'est pas désiré pour une raison ou pour une autre, le fœtus baignera dans les substances chimiques du rejet. Si la mère est totalement folle de son bébé et de son conjoint, le fœtus baignera dans les philtres d'amour dont il a été question au chapitre précédent. Si la mère est furieuse contre le père parce qu'il l'a abandonnée quand elle était enceinte, le fœtus baignera dans les substances chimiques de la colère.

Au cours de mes conférences, je présente une vidéo de l'Associazione Nazionale di Psicologia e di Educazione Prenatale (« Association nationale de psychologie et d'éducation prénatale ») parce qu'elle propose une représentation graphique du rapport d'interdépendance entre les parents et l'enfant à naître. Dans cette vidéo, on voit une mère et un père qui se disputent avec violence pendant que la mère subit un sonagramme. Vous pouvez voir le fœtus sursauter lorsque la dispute commence. Et lorsque celle-ci s'intensifie avec un bruit de verres que l'on casse et des hurlements encore plus stridents, le fœtus a peur. Le choc le fait réagir en arquant son corps et il sursaute encore plus fort, comme s'il était sur un trampoline.

Ce sonagramme et d'autres recherches prouvent que le fœtus réagit fortement au milieu ambiant que lui procure sa mère et qu'il réagit également au père. Dans son livre avant-gardiste *La Vie secrète de l'enfant avant sa naissance,* publié (version française) en 1984, le docteur Thomas R. Verny a été le premier à établir l'influence que les parents exercent sur le fœtus dans l'utérus. « En fait, le poids marqué des preuves scientifiques qui ont surgi au cours des dernières décennies exige que l'on réévalue les capacités mentales et émotionnelles des enfants avant la naissance. Les recherches indiquent que, endormis ou éveillés, les enfants (avant la naissance) sont constamment en syntonie avec chaque geste, chaque pensée et chaque émotion de leur mère. Dès la conception, l'expérience vécue par le fœtus dans l'utérus formate son cerveau et établit les fondements de sa personnalité, de son tempérament et de la puissance de sa pensée supérieure[4]. »

Non seulement le cerveau en développement du fœtus réagit aux messagers chimiques du sang maternel, mais il acquiert la mémoire de ces flots chimiques qui définissent ses expériences *in utero.* Quand il naît, l'enfant a déjà téléchargé la « musique » émotionnelle du comportement, un refrain qui perdurera jusqu'à la fin de ses jours. L'enfant naît en sifflant un refrain spécifique parce qu'il a déjà été programmé dans l'utérus par les schèmes propres aux substances chimiques émotionnelles de sa mère. Il ne s'agit pas d'un événement unique, comme la dispute que j'ai donnée en exemple, qui crée le programme. Ce sont les schèmes répétitifs de réactions émotionnelles de la mère qui le font. Après la naissance, l'enfant s'attache à créer des expériences qui forment la trame sonore correspondant à cette musique émotionnelle. C'est formidable si la trame sonore est une mélodie créée dans l'amour. Mais cela l'est beaucoup moins si l'état émotionnel de la mère était toujours instable pendant sa grossesse.

La nature de cette programmation s'avère importante pour les parents adoptifs dont les enfants sont issus de milieux chaotiques. Ces parents sont souvent inconscients du fait que même s'ils ont adopté leur enfant alors qu'il n'était qu'un nourrisson, ce dernier avait déjà téléchargé un schème de chimie émotionnelle dysfonctionnelle, laquelle devient la musique d'un comportement loin d'être positif. Cet enfant n'est pas une ardoise vierge. Parce que les parents adoptifs débordent d'attention pour lui, ils sont choqués lorsque cet enfant qu'ils ont tant aimé commence à présenter le comportement de ses parents biologiques dysfonctionnels.

Ce que ces parents adoptifs ne réalisent pas, c'est que le fondement de la personnalité d'un enfant est déjà développé lorsqu'il naît. Un nouveau champ d'études connu sous la dénomination « phénotype d'épargne » (origines fœtales) avance que le développement prénatal représente la période la plus cruciale de notre vie et que cette période détermine de façon permanente l'activation des circuits du cerveau, notre intelligence et notre tempérament. Dans l'article en couverture qu'elle a rédigé pour le *Time*, Annie Murphy Paul affirme que « l'état psychologique d'une femme enceinte peut déterminer la nature de la psyché de son enfant[5] ». Les neuf mois passés dans l'utérus sont si fondamentaux pour le développement humain, et ce, dans tous les domaines de la vie, que le docteur Verny dit qu'il aimerait que les femmes enceintes portent un T-shirt avec l'inscription « Bébé en construction », pour diffuser largement ce fait crucial. En vérité, la mère (et obligatoirement le père vu le lien qu'il entretient avec elle) sert de programme de départ tel que proposé par la nature. C'est par les fonctions physiologiques de la mère, en particulier par le sang qui traverse le placenta, que le fœtus apprend indirectement ce qu'est le monde dans lequel il va arriver et qu'il ajuste activement son comportement et son bagage génétique pour survivre dans le monde de ses parents.

Programmation post-utéro

Le rythme d'apprentissage se poursuit à la vitesse grand V après la naissance. Même si les bébés viennent au monde déjà dotés de certains comportements instinctuels, entre autres celui de la succion buccale, ils ont beaucoup à apprendre avant de pouvoir naviguer seuls dans le monde. Il n'est pas surprenant que l'évolution ait attribué aux bébés et aux jeunes enfants des cerveaux ayant la capacité de télécharger aussi rapidement un nombre inimaginable de comportements et de croyances.

Une des clés qui permet de comprendre de quelle manière s'effectue cet énorme téléchargement, c'est l'observation des fluctuations de l'activité électrique du cerveau grâce aux électroencéphalogrammes (EEG). Chez les adultes, l'activité cérébrale mesurée par l'EEG présente un éventail de cinq fréquences d'ondes cérébrales qui s'échelonnent des fréquences delta, les plus basses, aux fréquences gamma, les plus hautes. Chez les jeunes enfants, ce sont les deux fréquences d'ondes les plus basses, delta et thêta, qui prédominent[6a,b].

Dans l'utérus et au cours de la première année, le cerveau fonctionne principalement à la fréquence la plus basse, soit de 0,5 à 4 cycles par seconde (Hz), fréquence appelée delta. Cela n'est pas surprenant puisque les bébés dorment beaucoup. Chez les adultes, les ondes delta prédominent au cours du sommeil profond, lorsqu'ils rêvent et qu'il est difficile pour eux de se réveiller.

De l'âge de deux ans à six ans chez l'enfant, la fréquence d'onde usuelle est l'onde thêta (de 4 à 8 Hz), fréquence qui est associée à l'imagination. C'est la phase de développement où l'imagination débordante de l'enfant n'a aucune limite. Lorsque vous voyez un enfant avec un balai et qu'il vous dit que c'est un cheval, n'allez pas lui dire que c'est seulement un balai ! Dans l'esprit de l'enfant, c'est un cheval, car à cette étape de la vie, ce sont les ondes thêta qui prédominent dans le fonctionnement cérébral, étape où l'imagination et la réalité s'entremêlent. Dans l'esprit de l'enfant, le balai est devenu un cheval.

Chose également importante, les ondes thêta sont associées à l'état d'hypnose, durant lequel l'information peut directement être téléchargée dans l'inconscient. Pour amener un sujet adulte dans cet état où l'imagination et la suggestibilité dominent, les hypnotiseurs se servent de méthodes destinées à faire passer leurs sujets à la fréquence inférieure des ondes thêta, plus douces.

Pendant les six premières années de leur vie, les enfants ne présentent pas la qualité de conscience propre aux ondes alpha, bêta et gamma lorsque celles-ci prédominent. Le cerveau des enfants fonctionne principalement en dessous du niveau de la conscience créative, tout comme l'activité cérébrale des adultes descend en dessous de la conscience durant le sommeil et l'hypnose. Dans leur état d'ondes thêta hautement programmable, les enfants enregistrent d'énormes quantités d'information dont ils ont besoin pour survivre dans leur milieu ambiant. Par contre, ils ne possèdent pas la capacité d'évaluer consciemment l'information lorsque celle-ci est téléchargée. Si vous doutez de la sophistication de ce téléchargement, vous devriez vous rappeler la première fois que votre enfant a lancé un gros mot qu'il vous avait entendu prononcer. Je suis certain que vous avez alors remarqué sa perfection, sa bonne prononciation, sa nuance de style et son contexte... qui vous rappelait bien quelqu'un... vous.

Ce système ingénieux de téléchargement de comportement peut être détourné par des parents hypercritiques (et je ne parle pas ici d'un gros mot occasionnel). Pour la plupart, nous avons grandi dans des familles où nous avons téléchargé le criticisme de nos parents : « Tu ne mérites pas ça. Tu ne vaux rien en art. Tu es bête. Tu es méchant. Tu es un enfant maladif. » Le plus souvent, les parents ne veulent pas vraiment dire que leur enfant n'est pas digne d'amour. Ils agissent comme un entraîneur qui se sert du renforcement négatif pour pousser ses joueurs à fournir plus d'efforts.

Une telle approche éducationnelle exige de la part des enfants d'avoir la capacité consciente d'interpréter la logique positive cachée derrière les critiques négatives des parents. Mais le cerveau d'un enfant fonctionne principalement à partir des ondes situées sous le niveau de la conscience (ondes alpha) durant les six premières années de sa vie. Au cours de ces années, un enfant est donc incapable de comprendre intellectuellement que les piques verbales de ses parents ne sont pas vraies. Les évaluations négatives des parents sont dès lors téléchargées comme des vérités par l'enfant aussi certainement que le sont les bits et les octets vers le disque dur de votre ordinateur. Les parents critiques n'ont pas la moindre idée que leurs efforts pour aider leur enfant amèneront ce dernier à éprouver un sentiment de dévalorisation personnelle toute sa vie durant.

En voici un exemple. Un papa fait des courses dans une grande surface avec son fils de cinq ans. Ce dernier aperçoit un jouet dont il s'entiche et qu'il veut avoir immédiatement. Lorsque son père le lui refuse, l'enfant pique une énorme crise qui attire l'attention de tous les clients à proximité. Frustré, le père s'énerve et, de sa voix la plus autoritaire et effrayante, crie de colère à son fils : « Tu ne le mérites pas ! » Le jeune enfant enregistre automatiquement au pied de la lettre les paroles de son père ainsi que son ton de rejet. « Je ne vaux rien. Je ne suis pas digne d'être aimé », pense-t-il alors.

Cette programmation « pas digne d'être aimé » est l'un des plus grands obstacles à la création de l'effet lune de miel. En fait, lorsqu'on effectue la programmation de l'inconscient par la kinésiologie (test musculaire), l'inconscient de la plupart des gens rejette l'énoncé «Je m'aime».

J'ai pu constater pour la première fois l'efficacité de la kinésiologie le jour où je suis allé chez un chiropraticien après un grave accident de moto. Cet homme a effectué sur moi des tests musculaires pour me montrer comment on peut communiquer avec l'inconscient. Il m'a demandé de tenir mon bras à l'horizontale devant moi et de résister à la pression qu'il exerçait sur ce dernier pour le faire descendre. Je n'ai eu aucune difficulté à résister à la légère force qu'il exerçait sur mon bras. Ensuite, il m'a demandé de prendre la même position et de résister de nouveau pendant que je disais : «Mon nom est Bruce.» Une fois encore, je n'ai eu aucune difficulté à résister à la pression qu'il exerçait.

Puis, il m'a demandé de reprendre encore la même position et de résister pendant que je disais : «Je m'appelle Marie.» À mon grand étonnement, mon bras est retombé mollement sous la pression, même si je résistais fortement. «Essayez encore, ai-je dit. Apparemment, je n'étais pas prêt.» Nous avons donc recommencé le test. Cette fois, je me suis concentré davantage afin de résister. Malgré cela, après que j'eus répété «Je m'appelle Marie», mon bras est tombé comme une pierre. Pourquoi? Lorsque le conscient émet un énoncé qui entre en conflit avec une croyance encodée dans l'inconscient, un manque d'harmonie en résulte, qui se manifeste sous la forme d'un affaiblissement musculaire.

Au cours de mes conférences, je demande souvent aux membres de l'assemblée de tester la phrase «Je m'aime». Lorsque la majorité des bras tombent, je demande aux gens de réfléchir à l'impact que la croyance inconsciente de ne pas être digne d'être aimé exerce sur leurs relations. Si vous ne vous aimez pas, consciemment et inconsciemment, quelles sont les chances que les autres vous aiment? Pas très grandes, puisque votre inconscient ne croit pas que vous êtes digne d'être aimé. Et si quelqu'un prétend vraiment vous aimer, comment peut-il être digne de confiance si vous ne vous estimez pas vous-même digne de l'être?

Ce genre de programme inconscient, «ne pas être digne d'être aimé», fonctionne 95% du temps et crée inconsciemment des comportements qui révèlent comment vous vous sentez. Peut-être pensez-vous que cela reste secret, profondément enfoui, mais votre visage en parle ouvertement par les paroles que vous laissez échapper inconsciemment, ainsi que les comportements que vous adoptez à votre insu. Chose plus importante encore, vos croyances dysfonctionnelles sont retransmises dans votre champ énergétique et peuvent saboter de manière invisible tous les efforts que vous faites pour créer le genre de relation auquel votre conscient aspire tant.

Ce ne sont pas les paroles seules qui s'immiscent dans l'inconscient des humains durant l'enfance, mais également les comportements. Dans l'état de transe hypnagogique des ondes thêta, les enfants observent leurs parents avec attention, tout autant qu'ils les écoutent. Puis ils reproduisent les comportements une fois que ces derniers sont enregistrés dans leur inconscient. Lorsque les parents ont des comportements nobles, cet état hypnotique thêta est un outil fabuleux. En effet, l'enfant peut ainsi apprendre toutes sortes d'aptitudes pour survivre en ce monde. Mais lorsque les parents ont des comportements beaucoup moins nobles, ce même état thêta peut couper les ailes à un enfant.

Les recherches ont démontré que nos plus proches cousins, les chimpanzés, ont en commun avec nous la capacité d'apprendre uniquement par l'observation. Dans une série d'expériences conduites sur une période de deux ans à l'Institut de recherche sur les primates de l'Université de Kyoto, une femelle chimpanzé a appris à identifier les idéogrammes japonais désignant une variété de couleurs. Quand l'idéogramme représentant une couleur précise apparaissait sur un écran cathodique, la femelle choisissait la bonne couleur. Puis, elle saisissait le jeton de récompense que lui donnait l'ordinateur et allait le glisser dans une machine distributrice pour sélectionner le fruit de son choix.

Pendant cet entraînement, la femelle chimpanzé a eu un petit qu'elle tenait étroitement contre elle pendant les séances. À la grande surprise des chercheurs, un jour, pendant que la mère allait chercher son fruit, le bébé s'est mis à l'ordinateur. Lorsque l'idéogramme est apparu à l'écran, le petit chimpanzé a choisi la bonne couleur, a saisi le jeton et a suivi sa mère jusqu'à la distributrice automatique. Stupéfaits, les chercheurs n'ont pu que conclure que les nourrissons peuvent adopter des aptitudes complexes seulement en observant, et qu'ils n'ont pas besoin que leurs parents les leur enseignent[7].

Alors que ces recherches ont, entre autres, de formidables implications sur le plan de l'apprentissage, elles en ont d'autres, plus effrayantes, lorsque les enfants grandissent au sein de familles dysfonctionnelles, dans la violence, l'alcoolisme ou la toxicomanie. Ces recherches ont aussi des implications effrayantes pour les foyers qui ne sont pas aussi dysfonctionnels. Il suffit de penser à l'information que nombre d'entre nous ont enregistrée sur les aspects malsains des rapports entre leurs parents. Mais, me direz-vous : «Je suis différent. Je me suis promis de créer des rapports avec autrui qui ne seront pas ceux de mes parents.» Cet objectif généré par les souhaits et les désirs de votre conscient est très louable, sauf que c'est la programmation dominante inconsciente, acquise auprès de vos parents, qui contrôle vos comportements.

Étant donné qu'il est parfois difficile de déjouer le déni des gens en ce qui concerne leur programmation inconsciente, je vous suggère non pas de penser à vous, mais à un ami que vous connaissez depuis longtemps. Par exemple, vous connaissez bien votre ami Jean et vous connaissez aussi son père. Un jour, vous observez que Jean adopte certains comportements de son père. Sans y penser, vous dites à Jean : « Qu'est-ce que tu ressembles à ton père ! » C'est à ce moment-là qu'il vaut mieux que vous gardiez vos distances, car Jean se met aussitôt à fulminer en rétorquant : « Comment ça, je ressemble à mon père ! Je n'ai absolument rien de lui ! » Là où je veux en venir, c'est que tout le monde voit bien que Jean se comporte comme son père, sauf lui. Il ne voit pas son programme inconscient.

Et devinez un peu : nous sommes tous comme Jean ! Nous pensons que nous agissons en fonction de nos souhaits, de nos aspirations et de nos désirs conscients, mais dès l'instant où le conscient commence à divaguer dans les pensées, il cesse de prêter attention au moment présent. Et c'est exactement à cet instant-là que les programmes de l'inconscient resurgissent et que nous nous mettons à agir comme nos parents sans même le réaliser !

Vous vous demandez peut-être à quel âge ce processus de téléchargement en ondes thêta a cessé. Vers l'âge de six ou sept ans. En effet, à cet âge, les enfants sont moins sujets à la programmation hypnotique puisque leur cerveau en développement commence à fonctionner davantage avec les fréquences alpha plus élevées (8 à 12 Hz). Les ondes alpha sont associées aux états de calme conscient. C'est à cette étape que l'enfant commence enfin à faire l'expérience du « soi ».

Reprenons l'exemple du scénario de la grande surface, mais cette fois l'enfant est âgé de dix ans et son cerveau fonctionne principalement en ondes alpha, en mode conscient. Ainsi, lorsque l'enfant entendra son père lui dire : « Tu ne mérites pas ce jouet », il ne prendra pas cela au pied de la lettre (sauf dans le cas des familles où il y a de la violence). Il utilisera son esprit conscient pour évaluer la situation et se racontera cette histoire très précise : *Mon père est en colère parce que je ralentis les courses et qu'il déteste faire les courses ! Il veut que je la boucle parce qu'il veut en finir et rentrer pour regarder le match de football à la télévision. Je sais qu'il m'aime... et j'ai déjà reçu plein de nouveaux jouets pour mon anniversaire la semaine dernière.*

Bien entendu, tous les enfants et tous les adultes ne sont pas capables de formuler aussi précisément la perception qu'ils ont de leurs rapports avec autrui. Même les adultes tombent dans les pièges de l'inconscient lorsqu'ils ne font pas appel à leur esprit critique et qu'ils ont une forte programmation parentale négative. Par contre, lorsque les enfants sont très jeunes, ils sont incapables de formuler un tel raisonnement, car, comme je l'ai expliqué plus haut, ils ne fonctionnent pas encore avec le conscient. Dans cette anecdote, l'enfant de cinq ans a pris la réponse du père littéralement à la lettre puisque son conscient n'est pas développé. À dix ans, il peut voir la situation telle qu'elle est. Mais avant d'avoir pu développer cette aptitude consciente, l'enfant aura absorbé auprès de ses parents et de son entourage de nombreuses données négatives et débilitantes.

Mais qu'est-ce que tout cela a à voir avec l'effet lune de miel ? Rien de la programmation reçue avant l'âge de six ans n'émane de vos propres souhaits, désirs et aspirations. Tout provient de l'observation de vos parents et de votre entourage. Et c'est la programmation qui se manifeste principalement dans votre manière d'aborder les relations. Celle-ci explique aussi les types de scénarios relationnels que vous adoptez : certaines personnes cherchent l'amour au mauvais endroit, d'autres ne peuvent faire durer une relation et d'autres encore sont comme des poissons dans l'eau quand elles sont en relation avec autrui. Étant donné que la plupart des gens n'ont pas eu des parents très éclairés, ils doivent se défaire de la programmation avant de pouvoir jouir de l'effet lune de miel dans leur quotidien.

Reprogrammation de l'inconscient

1. Soyez conscient de ce que vous demandez

Avec les années, Margaret et moi avons appris par expérience personnelle une vérité dont nous avions souvent entendu parler : pour nous aider et aider l'univers à nous aider, il est important de visualiser et de nommer avec précision ce que nous attendons de la vie. Lorsque nos objectifs sont flous, l'univers fait de son mieux pour boucher les trous. Malheureusement, ce sont les détails que nous n'avions pas prévus qui peuvent sérieusement miner nos buts et nos aspirations.

En gardant cela à l'esprit, et avant de commencer à reprogrammer votre inconscient, il vaudrait mieux prendre un peu de recul et vous demander consciemment ce que vous voulez vraiment.

J'avais l'habitude de dire aux gens d'être *prudents* en énumérant ce qu'ils voulaient, car c'est exactement ce qu'ils allaient obtenir. Mais ma merveilleuse conjointe, Margaret, m'a fait remarquer à quel point cet énoncé était négatif. C'est pourquoi j'ai modifié l'énoncé à partir de la suggestion de Margaret : « Soyez *conscients* de ce que vous demandez, car c'est ce que vous obtiendrez. »

Dressez mentalement la liste de ce que vous désirez dans une relation. Ajoutez autant de détails que vous pouvez imaginer. Plus il y en a, mieux c'est. Cet exercice fait en sorte que votre conscient est engagé de façon créative à établir cette liste. Les détails non inscrits dans votre liste seront déterminés par défaut par votre inconscient. Livré à lui-même, l'inconscient ressortira ce que vos parents ou votre entourage pensent qu'une bonne relation devrait être.

Par conséquent, détaillez bien les choses. Ainsi que je l'ai dit plus haut, plus il y aura de détails, plus il sera facile pour vous et l'univers de collaborer pour combler vos souhaits et désirs. Au lieu de dire : «Je veux une belle relation», décrivez au mode présent tous les détails sensoriels de ce que vous désirez comme si c'était déjà là. À quoi ressemble cette relation ? Quelle sensation vous donne-t-elle ? Qu'attendez-vous de cette relation ? En voici un exemple : «J'aime mon compagnon de vie. Il est attentif, ouvert d'esprit, affectueux, intelligent, et je me sens totalement soutenue par lui lorsque nous passons des soirées tranquilles à rire et à nous raconter nos histoires et nos intérêts.» En déclinant bien et en «radiodiffusant» exactement ce que vous voulez, vous manifesterez des comportements conscients et inconscients qui attireront le genre de relations que vous voulez.

2. Passez votre programmation inconsciente en revue

Lorsque nous nous efforçons de définir les caractéristiques du partenaire que nous cherchons, nous oublions inévitablement d'évaluer si nos propres comportements, surtout ceux qui émanent invisiblement de l'inconscient, seraient compatibles avec le genre de partenaire que nous souhaitons trouver. Par exemple, vous avez peut-être grandi dans une famille dont les parents n'exprimaient jamais leur amour l'un pour l'autre et s'invectivaient réciproquement. Vous êtes déterminée à trouver un partenaire qui présentera les belles caractéristiques que vous n'avez jamais observées chez vos parents, mais auxquelles vous aspirez. Votre conscient vous fera adopter un comportement qui attirera le conjoint désiré, tandis que les comportements inconscients, prédominants et non reconnus acquis de vos parents, pourront de manière cachée repousser tout prétendant qui présentera les caractéristiques bienveillantes tant désirées.

Nous sommes presque totalement inconscients de nos propres comportements inconscients. Lorsqu'il nous arrive de les remarquer à certaines occasions, nous en sommes presque choqués et embarrassés. Du fait que nous ne voyons pas notre propre comportement, nous avons tendance à rejeter la faute de nos échecs relationnels sur les autres. *Comment quelqu'un d'aussi bien que moi pourrait-il être la source du problème?* Il est vrai qu'au niveau du conscient, nous sommes les personnes bienveillantes que nous pensons être. Mais la majorité du temps, notre vie est invisiblement déterminée par les programmes inconscients qui ne sont peut-être pas si bienveillants que ça.

Alors, il faut se poser la question suivante : « Mon programme inconscient soutient-il les désirs de mon cœur ? » Si, règle générale, nous n'observons pas nos comportements, comment savoir ce que sont nos programmes ? Étant donné que la plus grande partie de cette programmation s'effectue avant l'âge de sept ans et que notre personnalité s'est majoritairement formée avant notre naissance, notre conscient n'a aucune idée de ce que nous avons enregistré dans l'inconscient. Alors, comment évaluer la nature de notre programmation inconsciente?

C'est facile une fois que vous avez compris l'interaction entre l'inconscient et le conscient. Étant donné que

95% de notre comportement est contrôlé par les pilotes automatiques de l'inconscient, notre vie est par définition la manifestation dans le monde physique des programmes enregistrés dans notre inconscient.

Par exemple, si, toute votre vie, vous avez éprouvé des difficultés avec l'argent, penchez-vous sur les croyances que vous avez enregistrées sur l'argent alors que vous étiez enfant et sur la façon dont ces croyances ont encore un impact sur votre vie. C'est là ce qu'un certain nombre de gourous de la finance conseillent maintenant. Dans son ouvrage *Les 9 étapes vers l'autonomie financière*, Suze Orman écrit que « les messages concernant l'argent se transmettent de génération en génération. Ils sont aussi usés et ébréchés que la vaisselle de famille[8] ». Suze Orman a appris très jeune que si ses parents « semblaient si malheureux », ce n'était pas parce qu'ils ne s'aimaient pas, mais parce qu'ils n'avaient jamais assez d'argent pour régler les factures. « Chez nous, l'argent était synonyme de tension, d'inquiétude et de chagrin[9]. »

À l'instar de Suze Orman, qui est maintenant très riche, vous pouvez désamorcer la programmation la plus négative qui soit. Et pas besoin pour ça de changer radicalement de vie ! Il vous suffit de vous concentrer sur les domaines où vous avez besoin d'aide. Peut-être l'argent vous vient-il facilement, alors que le bât blesse dans les relations. Pas besoin de travailler sur la programmation inconsciente concernant l'argent. Les choses que vous aimez, les choses qui viennent facilement à vous sont déjà soutenues par la programmation inconsciente positive. C'est justement pour cette raison qu'elles viennent à vous. Toutefois, tout ce qui exige de vous de gros efforts, tout ce que vous avez essayé de changer à de multiples reprises, sans succès, tout ce qui vous oblige à vous battre pour l'avoir, tout cela représente certainement les domaines qui correspondent le plus aux croyances inconscientes qui vous sabotent et vous restreignent le plus, les croyances qui ont besoin d'être reprogrammées.

Non seulement vous n'avez pas à tout changer, mais il n'est pas non plus nécessaire d'aller chez un psychologue pour tout comprendre. Pas besoin de vous torturer émotionnellement ni de focaliser sur les gens à l'origine de cette programmation. Pas besoin de tuer le messager. C'est le message qui doit être réécrit parce que c'est lui qui a créé le comportement. Alors, ne perdez pas votre temps à revenir sur le messager et à vous appesantir sur le message, car ce genre d'effort ravive en général les vieux sentiments qui ont été si douloureux. Tout ce que vous avez à faire, c'est de vous concentrer à réécrire la programmation des comportements inconscients qui interfèrent avec la réalisation de vos objectifs.

Remarque : Avant de vous mettre en quête d'une belle relation, assurez-vous que la croyance de base « Je m'aime » est bien ancrée dans votre inconscient. Un manque d'amour personnel, ainsi que je l'ai expliqué plus haut, est un obstacle fondamental énorme chez la plupart des gens qui veulent créer l'effet lune de miel dans leur vie.

3. Commencez la reprogrammation

Il existe un certain nombre de techniques pour reprogrammer l'inconscient. Je vais vous faire part de trois catégories de choses que j'ai faites pour défaire ma propre programmation négative (et je peux vous assurer qu'il y avait beaucoup d'éléments à défaire), mais n'hésitez pas à consulter la section Ressources en annexe de cet ouvrage ainsi que mon site Web, www.brucelipton.com,

Pour arriver à comprendre quels outils seront les plus appropriés pour vous. Il n'y a pas de panacée à ce sujet. Mon objectif est de vous proposer de l'information sur le rôle destructeur joué par la programmation inconsciente dans votre vie et, je l'espère, de vous inciter à trouver la meilleure façon pour vous de défaire cette programmation.

Avant d'entreprendre la réécriture de cette programmation comportementale, il est crucial de comprendre les modes d'apprentissage si divergents du conscient et de l'inconscient. Il se peut que vous pensiez qu'une fois que le conscient a appris quelque chose de nouveau, le programme inconscient s'ajustera automatiquement à la nouvelle connaissance.

Erreur ! Le conscient et l'inconscient fonctionnent essentiellement comme des entités distinctes et n'apprennent pas du tout de la même façon.

Le conscient créatif, le conscient qui pense, peut instantanément apprendre à partir d'une variété de données. Quelque chose d'aussi simple qu'un « Ah, c'est ça ! » peut produire un changement radical dans nos croyances et dans notre vie. De manière similaire, le conscient peut acquérir de nouvelles croyances par l'école, des conférences, des livres d'auto-éducation, des vidéos ou une psychanalyse pénible. Mais parfois les gens se retrouvent coincés, comme cela a été mon cas, en se focalisant uniquement sur l'apprentissage intellectuel. Et cet apprentissage ne reprogramme pas automatiquement l'inconscient. Dans mon cas, c'est seulement lorsque j'ai utilisé la capacité d'attention que j'avais acquise intellectuellement pour réécrire les programmes de l'inconscient que j'ai pu procéder à d'importants changements dans ma vie.

Tandis que le conscient est naturellement créatif et que nous pouvons mettre cette créativité à contribution pour apprendre, l'inconscient apprend principalement sous hypnose ou grâce à l'habitude. Avant l'âge de sept ans, votre inconscient enregistrait rapidement des croyances, car votre cerveau fonctionnait principalement sur le mode hypnagogique des fréquences thêta. Après l'âge de sept ans, le principal mode d'apprentissage de l'inconscient, c'est la répétition. Comment avez-vous appris vos tables de multiplication ? Par la répétition mécanique. C'est ainsi que vous avez mémorisé les tables à un moment donné et que vous avez pu les répéter sans y penser. La répétition mène à l'habitude, un élément qui est le mécanisme fondamental servant à programmer les schèmes comportementaux dans l'inconscient.

Par exemple, lorsque vous avez commencé à apprendre à conduire, votre conscient était totalement pris par chaque détail : rester conscient de ce que vous voyiez à travers le pare-brise, regarder les jauges du tableau de bord, garder l'œil sur les rétroviseurs et prêter attention à vos pieds sur les pédales. Mais aujourd'hui, vous montez dans votre voiture, vous mettez la clé dans le démarreur et vous partez. Votre esprit conscient se concentre sur votre lieu de destination ou sur la soirée de la veille, ou encore il engage une conversation intense avec un passager. La plupart du temps, vous ne faites même pas consciemment attention à ce qui se passe sur la route. Qui conduit la voiture ? C'est l'inconscient. Il met à profit les habitudes acquises par la répétition lorsque vous avez appris à conduire. Ne soyez pas effrayé par la pensée que vous ne conduisez pas de façon consciente, car, ainsi que je vous l'ai dit plus haut dans ce chapitre, l'inconscient est des millions de fois plus puissant et plus rapide que le conscient. En fait, si votre voiture se met à déraper et que vous sentez que vous allez avoir un accident, les hormones de stress bloquent les processus conscients pour permettre à l'inconscient plus rapide et plus puissant de prendre le contrôle de la situation.

En définitive, l'hypnose et l'habitude sont les principales façons de programmer un comportement dans l'inconscient. C'est la raison pour laquelle les efforts conscients, entre autres « se faire la leçon », lire un livre d'auto-éducation ou coller des notes, ont peu d'impact pour modifier les programmes inconscients, à moins qu'il n'y ait répétition régulière et que cela ne crée une nouvelle habitude.

a) Observation attentive et habitude : La première chose que j'ai faite lorsque j'ai pris conscience que je devais me reprogrammer a été de créer une habitude d'observation attentive. J'ai donc d'abord observé mes pensées ! L'objectif de l'observation attentive est de faire en sorte que la moindre action et la moindre décision émanent de vos souhaits et désirs, c'est-à-dire de votre conscient, pas du pilote automatique inconscient.

Par l'observation attentive, j'ai appris que non seulement je dérivais trop souvent vers le pilote automatique pendant que mon conscient divaguait dans les pensées, mais aussi que ces pensées automatiques n'étaient pas très souvent profitables. Les chercheurs ont convenu que 65 % de nos pensées sont négatives, répétitives ou encore les deux à la fois[10].

Une façon d'amorcer cette observation, c'est d'observer d'abord vos pensées au moment où vous faites quelque chose de très banal, comme conduire par exemple. Lorsque vous serez obligé de vous arrêter à un feu rouge, vous vous rendrez compte que l'immobilisation dans la circulation ne correspond pas à l'immobilisation des pensées. Celles-ci défilent sans cesse dans votre tête. Lorsque je me suis mis à observer ces pensées désordonnées, j'ai réalisé qu'elles ne correspondaient pas à une réalité dans laquelle je voulais vivre, même si c'était ce que je créais. (Exemple : *Je n'arriverai jamais à temps. Je n'ai pas envie de faire ça. Cette circulation est un vrai cauchemar.*) Ainsi que je vous l'ai expliqué, les pensées positives ne suffisent pas. Mais elles sont suffisantes pour entreprendre le processus. Par l'intention, j'ai donc commencé à immédiatement réécrire les pensées négatives dans l'instant, dès qu'elles surgissaient dans mon esprit, en leur donnant une tournure positive tout en faisant consciemment l'effort de rester dans le moment présent. Lorsque vous réécrivez souvent la même pensée, vous créez une habitude qui viendra automatiquement corriger la pensée négative avant même qu'elle n'arrive à votre conscient.

Il est très difficile de maintenir l'observation attentive lorsque vous êtes très affairé, étant donné que les pensées vous passent sans arrêt par la tête et que vous devez gérer les innombrables détails du quotidien. Ces interférences font que l'observation attentive est pour les bouddhistes une pratique qui dure toute la vie.

En 2010, des chercheurs de l'Université Harvard ont découvert que les gens passent presque la moitié de leur vie éveillée à penser à autre chose que ce qu'ils sont en train de faire et que ce vagabondage de l'esprit les rend malheureux (même lorsque leur esprit vagabonde sur des sujets agréables). « En conclusion, ont affirmé ces chercheurs, l'esprit humain est un esprit qui vagabonde, et un esprit vagabond est un esprit malheureux. La capacité de penser à quelque chose qui n'est pas en train de se produire est une prouesse cognitive qui a un prix émotionnel[11]. » Ce mal-être dû au vagabondage de l'esprit est bien entendu exacerbé par le fait que, pendant ce vagabondage du conscient, les programmes inconscients viennent souvent saboter nos désirs.

Dans l'optique de ce livre, la découverte la plus significative de cette recherche, c'est que l'observation attentive est beaucoup plus facile quand on fait l'amour. Selon cette recherche, ce vagabondage de l'esprit ne se produisait en moyenne que 10 % du temps lorsque les sujets faisaient l'amour[12]. Cela explique pourquoi les gens en lune de miel ont plus de facilité à fonctionner en toute conscience. Lorsque nous maintenons un état d'observation attentive, et pas seulement quand nous faisons l'amour, les souhaits et désirs de notre esprit conscient se manifestent dans notre vie. C'est ainsi que nous pouvons nous assurer que l'effet lune de miel dure !

b) Hypnose et bandes sonores subliminales : Lorsque nous émergeons du sommeil profond, les fréquences vibratoires du cerveau passent rapidement des ondes lentes delta de l'inconscient aux fréquences thêta plus rapides. Ainsi que je l'ai mentionné plus haut, la fréquence thêta correspond à l'état cérébral d'une rêverie d'entre-deux où la réalité et le monde onirique fusionnent parfaitement. Une expérience vécue dans un état d'ondes thêta se caractérise par un mélange d'imagination et de réalité, un comportement typique des enfants de moins de sept ans. En tant qu'adulte, vous pouvez avoir vécu un moment en ondes thêta lorsqu'un radio-réveil vous tire du sommeil. Tandis que vous êtes un peu sonné, vous mêlez une histoire entendue à la radio qui vous réveille à un rêve dont vous étiez en train de sortir. Voilà donc un exemple de la façon dont vous pouvez combiner imagination et réalité.

À mesure que vous vous réveillez, l'activité cérébrale augmente jusqu'à atteindre la fréquence plus élevée des ondes alpha : un calme conscient emplit votre tête. Au moment où vous partez au boulot, votre cerveau est passé à grande vitesse en mode travail. Il fonctionne sur des ondes bêta encore plus élevées que les précédentes. Espérons que lorsque vous rentrerez chez vous en fin de journée la fréquence de vos ondes cérébrales baissera et passera de bêta à alpha, plus calme, et ensuite à thêta et enfin à delta, quand vous serez profondément endormi.

Grâce à ces fluctuations d'ondes cérébrales, votre cerveau passe deux fois par jour par la phase hypnagogique thêta, qui est programmable. Par conséquent, chaque jour vous avez deux occasions de reprogrammer les croyances inconscientes par l'état naturel d'hypnose. Bien entendu, ainsi qu'un certain nombre de recherches l'ont démontré, les personnes qui méditent peuvent augmenter la fréquence des ondes thêta. Par exemple, dans une étude effectuée en 2009 sur des praticiens expérimentés de la méditation Acem, une méthode non directive mise au point en Norvège, on a demandé à ces personnes de se reposer pendant vingt minutes puis de méditer pendant vingt minutes supplémentaires. Au cours de la méditation, on a relevé « une force thêta significativement élevée », surtout dans les zones frontales et médianes du cerveau[13].

Après avoir réalisé que les enfants enregistrent d'énormes quantités d'information dans leur état hypnagogique, j'ai décidé d'essayer de faire la même chose en faisant jouer des bandes sonores subliminales conçues pour programmer des pensées et des croyances positives dans l'inconscient. J'ai choisi une bande sonore produite par Louise Hay (la grande dame de l'affirmation de soi et, soit dit en passant, l'éditrice de la version anglaise de ce livre) destinée à réduire le stress et à améliorer la patience. La bande commençait par un exercice de détente conçu pour calmer le conscient et amener l'auditeur à l'état de détente programmable propre aux ondes cérébrales de fréquences basses alpha et thêta.

La première fois que j'ai enfilé mes écouteurs et mis en marche la bande subliminale au moment d'aller dormir, mon conscient est resté en alerte tout le temps et a entendu le message de programmation répété à plusieurs reprises. Dès la troisième écoute, je n'ai même pas réussi à suivre l'exercice de détente jusqu'à la fin. Je suis tombé endormi.

Cela s'est accentué au point où il me suffisait d'enfiler mes écouteurs pour me détendre immédiatement. Ce qui était bien, c'est que la bande sonore téléchargeait sans arrêt des pensées positives dans mon cerveau tandis que je planais dans les ondes cérébrales de basses fréquences propres aux enfants. Aucun effort à fournir. Il me suffisait de mettre mes écouteurs pour tomber aussitôt endormi.

Les changements subséquents ont été subtils, rien de frappant comme les publicités tapageuses au néon. Mais les choses n'étaient plus exactement comme avant. Elles étaient mieux. Ce n'est qu'après un certain temps, en prenant du recul et en repensant aux événements survenus récemment dans ma vie, que j'ai pris conscience de la profondeur du changement dans mon comportement.

c) Psychologie énergétique : L'étape suivante entreprise pour reprogrammer mon inconscient a consisté à utiliser une nouvelle méthode de guérison appelée psychologie énergétique. Ainsi que vous pourrez le constater dans la liste des ressources en psychologie énergétique qui se trouve en annexe et sur mon site Web, de nombreuses et différentes versions de psychologie énergétique existent. Malgré les grandes variétés d'exércices propres aux diverses techniques, une chose est claire : la psychologie énergétique peut entraîner des modifications radicales de comportement en quelques minutes et, dans bien des cas, ces changements se traduisent par des modifications permanentes en ce qui a trait aux comportements inconsciemment programmés.

J'adore ces nouvelles technologies parce qu'elles sapent totalement la croyance prédominante (qui contrôle le comportement) selon laquelle le changement est ardu. Maintenant, je vois clairement que cette opinion n'est qu'une autre croyance dévalorisante qui alimente la résistance au changement. Il est merveilleux aussi que ces nouveaux outils psychologiques soient mis à notre disposition juste au moment où l'évolution pousse l'humanité à effectuer des changements dans l'immédiat. La nécessité incite à l'inventivité. Il ne nous reste pas des années et des années pour modifier notre comportement humain.

Alors qu'aucun mécanisme n'a encore été clairement cerné, qui expliquerait la rapidité avec laquelle ces techniques modifient le comportement, il est vrai que ces changements sont réels et durables. En ce qui me concerne, je connais bien le système de modification de croyance PSYCH-K, mis au point par Rob Williams. Je sais que cette technologie est efficace pour équilibrer l'énergie, car elle a radicalement changé ma vie. Chose encore plus importante, au cours des dernières années, j'ai entendu parler de centaines de personnes partout dans le monde qui se sont servies du système PSYCH-K et qui ont réussi à prendre leur vie en main.

Jusqu'à récemment, ces technologies donnaient des résultats de bien-être qui ne représentaient que l'expérience subjective de certaines personnes. Toutefois, de nouvelles études visant l'établissement d'une cartographie cérébrale en trois dimensions et utilisant l'électroencéphalographie quantitative (QEEG) et la tomographie électromagnétique à basse résolution (LORETA) ont fourni des données objectives et mesurables qui révèlent des modifications significatives et durables dans le comportement cérébral après avoir appliqué le système PSYCH-K[14] pendant une simple séance de dix minutes.

Ces études révèlent que le système PSYCH-K incite le cerveau à entrer dans un état d'harmonie totale, où l'hémisphère droit et l'hémisphère gauche se mettent à travailler de concert. Ce fonctionnement cérébral est appelé synchronisation hémisphérique. Dans l'état normal de veille, nous avons tendance à fonctionner principalement avec l'hémisphère gauche, celui de la logique. Par contre, l'hémisphère droit est associé au traitement des émotions. Lorsque l'hémisphère gauche domine, nous tendons à contourner nos pulsions émotionnelles par la logique et la raison.

Selon le neuroscientifique Jeffrey L. Fannin, une activité cérébrale uniformisée se traduit de façon positive bien plus que sur les plans physique et psychologique. Les recherches de Jeffrey Fannin sur la cartographie cérébrale indiquent qu'une activité cérébrale uniformisée serait une ouverture vers une conscience supérieure et équivaudrait à un état de superapprentissage, accompagné d'une fonctionnalité supérieure et d'une conscience spirituelle[15]. Cependant, je vous prie de comprendre que le système PSYCH-K ne fonctionne pas pour tout le monde. En vérité, aucun outil universel n'existe. Si une des techniques mentionnées en annexe ne fonctionne pas, n'abandonnez pas. Essayez-en une autre!

4. La communication

Pour créer l'effet lune de miel, il est impératif que les couples apprennent à communiquer en profondeur. Ce type de communication ne peut exister si les deux personnes n'ont pas la même conscience. Lorsque les deux partenaires sont conscients des blocages de l'inconscient qu'ils doivent affronter, ils peuvent se concentrer à transformer en discussions ce qui pourrait être des disputes. «Je ne pense pas que tu aies entendu ce que tu viens juste de dire. Est-ce vraiment ce que tu as voulu dire? Est-ce un disque que tu fais jouer? Est-ce un comportement que tu as appris de ton père?» Tous ces éléments de discussion donnent l'occasion aux deux personnes de prendre conscience de leurs comportements inconscients respectifs et de mieux comprendre en même temps comment les programmes inconscients peuvent saper une relation.

Si une seule des deux personnes est consciente de cette programmation inconsciente, essayer de changer se comparerait à parler à un mur de briques. Si une des deux personnes ne souhaite pas changer et n'est pas prête à le faire, le changement ne se produira pas. Pour qu'il y ait changement, il faut un travail d'équipe!

5. La patience

Si vous touchez un point délicat de votre relation au cours d'une semaine et que ce même point surgit de nouveau la semaine suivante, ne soyez pas surpris. Rappelez-vous que vous essayez de modifier des schèmes qui vous suivent depuis toujours. Le changement dans les relations ne se fait pas du jour au lendemain. Afin de briser ces schèmes dysfonctionnels récurrents, vous devez vous armer de patience envers vous, envers l'autre et envers les habitudes têtues qui persistent à vouloir pointer leur vilain nez. Si vous pouvez composer avec les problèmes en discutant plutôt qu'en vous disputant, c'est que vous avez déjà trouvé la voie qui mène à une nouvelle vie.

Voici un exemple de problème typique. Une querelle éclate et l'homme ne veut plus parler du sujet avec la femme. Par contre, la femme veut en parler dans les moindres détails. Ce genre de situation peut conduire à un désastre si elle continue de parler et qu'il continue de s'enfermer dans son silence. En ce qui me concerne, lorsque je suis enfin sorti de mon enfermement, je me suis approprié l'habitude que j'avais de ne pas communiquer et j'ai réalisé que Margaret essayait sérieusement de réparer les nids-de-poule qui se creusaient entre nous.

Un peu plus tard, alors que j'avais retrouvé un état de calme et de détente, j'ai dit à Margaret que je l'écoutais toujours, même lorsque j'étais plongé dans cette habitude de déconnexion. J'ai ajouté que je ne pouvais pas encore agir par contre. Je lui ai donc demandé de faire preuve d'un peu de patience à mon égard et lui ai dit que je voulais qu'elle continue de me parler pendant que je prenais le temps, intérieurement, d'essayer d'échapper à ce comportement destructeur. Après cet instant de grande révélation et de grande conscience, chaque fois que j'ai réagi en me déconnectant, mon conscient a pris le contrôle de façon plus efficace et a mis fin à ce comportement dysfonctionnel. En peu de temps, la répétition m'a permis de me défaire de ce comportement restreignant. Et maintenant, nous pouvons facilement résoudre nos problèmes sans avoir à faire appel à des réactions sèches et inconscientes. Plus de confrontations. Mon Dieu que la vie est devenue facile ! Youpi !

6. La pratique

Combien de fois avez-vous répété vos tables de multiplication avant de vous en rappeler définitivement ? Combien de temps avez-vous dû vous entraîner à conduire avant de le faire sans penser ? Il en va de même pour les habitudes inconscientes. Elles ne partent pas simplement parce que vous leur dites de s'en aller. Vous devez répéter les nouveaux modes de comportement jusqu'à ce qu'ils deviennent automatiques. Une habitude, ce n'est pas une note collée sur le réfrigérateur. C'est un comportement que vous devez répéter jusqu'à ce qu'il reste.

Les outils que je vous confie donneront à un moment donné les résultats que vous désirez. Je suis un scientifique et ma relation avec ma conjointe, Margaret, qui m'a tant appris, est pour nous deux l'expérience continue du bonheur éternel. Je peux vous assurer que je n'aurais pas écrit ce livre si l'expérience n'avait pas fonctionné !

Lorsque vous éliminez le blocage qui est à la base de votre programmation inconsciente, vous êtes libre de vivre une idylle créative, un rêve devenu réalité. Une fois que vous programmez les souhaits, désirs et aspirations de votre conscient dans votre inconscient, vous créez une perpétuelle lune de miel. Même lorsque vous partez sur le mode pilote automatique, comme cela arrive à tout le monde, les anciens vilains comportements ne pointent plus leur nez vu que les programmes inconscients ne correspondent plus aux désirs et souhaits du conscient. Lorsque les quatre cerveaux sont en phase, votre conjoint et vous devenez les mêmes adorables personnes que vous étiez aux premiers jours de la relation.

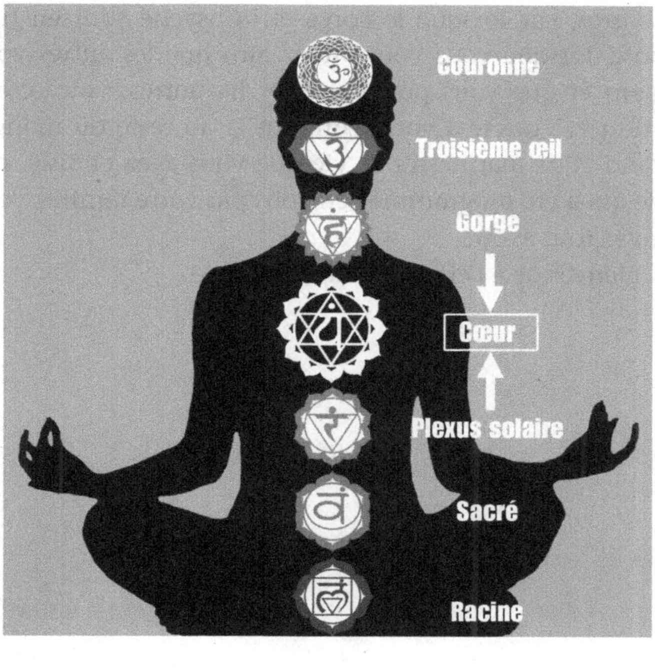

L'illustration ci-dessus présente les sept principaux chakras du corps, ces sept centres énergétiques qui sont alignés de bas en haut, devant et derrière le corps. Cette image illustre visuellement l'idylle intérieure lorsque la physiologie et le comportement sont en phase. Dans ce dessin, les trois chakras inférieurs (racine, sacré et plexus solaire) représentent l'influence de la biologie physique, plus précisément la physiologie, sur notre vie. Les trois chakras supérieurs (gorge, troisième œil et couronne) représentent l'influence de notre conscience, de notre psyché. Le chakra entre ces deux plans, celui du cœur, représente l'amour inconditionnel pour soi et pour les autres.

Lorsque les sept chakras sont bien fonctionnels et harmonisés, il n'existe plus aucun blocage énergétique. L'énergie circule librement dans tous les chakras. Le chakra du cœur, au milieu, a volontairement été dessiné plus gros, car lorsque le corps et la psyché sont en harmonie, lorsque vous vous aimez afin que les autres vous aiment et que vous pouvez aimer les autres, votre cœur grandit et s'ouvre à votre conjoint et au reste du monde. Quand vous manifestez la vie que vous avez choisie, pas celle qui a été programmée en vous par votre famille, vous pouvez tout avoir.

Bienvenue à l'effet lune de miel !

CHAPITRE 5

Gaz nobles : propagation de la paix, de l'amour et du thé Tulsi

Soyez vous-même le changement que vous désirez voir s'accomplir dans le monde.

— Mahatma Gandhi

J'espère vous avoir convaincu, dans les chapitres précédents, que vous pouvez vraiment créer les relations dont vous rêvez. Dans ce chapitre, j'aimerais vous convaincre que l'effet lune de miel va plus loin que la création par deux personnes d'une belle relation. J'aimerais vous convaincre qu'il s'agit en fait de « gaz nobles » qui propagent un nuage d'amour curatif partout sur cette planète souffrante.

Gaz nobles

Pour clarifier l'emploi de cette expression inusitée, je dois revenir à la chimie. Non pas aux philtres d'amour chimiques qui parcourent notre corps lorsque nous sommes follement amoureux (voir le chapitre 3), mais aux éléments qui composent le tableau périodique qui vous a fasciné ou bien contrarié dans vos cours de chimie au lycée. Vous ne serez pas surpris d'apprendre que j'ai été fasciné par ce tableau (le cours d'anglais, c'était une tout autre histoire par contre !) et je le suis encore lorsque je réalise que l'univers a créé dans la nature un schème ordonné de 118 éléments, ainsi que ce tableau le révèle.

Le tableau périodique des éléments, chef-d'œuvre d'information organisée sur la chimie, définit les traits et caractéristiques de l'univers physique. Ce qui m'intrigue en particulier, ce sont les caractéristiques uniques des six gaz nobles, ces éléments qui apparaissent dans la dernière colonne à droite du tableau et qui sont regroupés sous la dénomination de « Groupe 18 ». Ce groupe comprend les gaz suivants : l'hélium (He), le néon (Ne), l'argon (Ar), le krypton (Kr)... non, ce n'est pas l'élément qui a réduit à néant la force de Superman, le xénon (Xe) et le radon (Rn). Ce qu'il y a de plus significatif au sujet de ces gaz inodores et incolores, c'est qu'ils constituent les seuls éléments du tableau périodique qui ne forment aucun composé chimique (sauf dans des conditions très spéciales).

Les 112 autres éléments chimiques du tableau périodique se combinent facilement avec d'autres éléments pour créer les molécules qui composent les étoiles, les planètes et la biosphère. La raison secrète pour laquelle les atomes créent de la « chimie », et plus particulièrement la raison pour laquelle les atomes ont naturellement tendance à se lier les uns aux autres, peut s'expliquer lorsqu'on compare les structures des atomes des gaz nobles à celles des autres éléments du tableau périodique.

Dans la structure d'un atome, les protons possèdent des charges positives et les électrons, des charges négatives complémentaires et égales. Le nombre de protons (positifs) dans un atome est égal au nombre d'électrons (négatifs). Par conséquent, chaque atome est neutre sur le plan de la charge électromagnétique. La magie de la chimie qui crée l'univers n'est pas fondée sur le nombre de particules chargées dans un atome, mais sur leur distribution. Alors que les protons sont agglutinés dans le noyau de l'atome, les électrons circulent en orbite autour du noyau, comme des satellites.

Pour simplifier la description, disons que les électrons en orbite autour du noyau sont répartis en couches concentriques. Chaque couche ne peut contenir qu'un nombre précis d'électrons (couche 1 = 2 électrons, couche 2 = 8 électrons, couche 3 = 18 électrons, couche 4 = 32 électrons et couche 5 = 50 électrons). À l'exception de la première couche, les différentes couches sont constituées de plusieurs sous-couches. Lorsqu'une couche ou une sous-couche particulière est remplie par son nombre maximal d'électrons, les électrons supplémentaires passent alors dans la couche supérieure suivante. Et si cette couche est à son tour remplie par son nombre maximal d'électrons, les électrons supplémentaires passent dans la couche suivante, et ainsi de suite.

Mais il y a un piège : les atomes tournent sur eux-mêmes (spin) à la manière des nanotornades. Lorsqu'une couche n'est pas remplie par son nombre maximal d'électrons, cela provoque une oscillation chez l'atome qui tourne sur lui-même. Pour que vous compreniez mieux, je vais employer une analogie toute simple. Disons que le tambour d'un lave-linge tourne comme un atome. Que se passe-t-il si une couverture se ramasse sur un seul côté du tambour et que vous faites partir la machine? Lorsque le tambour tourne à toute vitesse, le lave-linge commence à bouger, à se déplacer et à faire du vacarme. La même chose se passe à un niveau microscopique lorsqu'une couche de l'atome qui tourne n'est pas remplie par son nombre maximal d'électrons.

Revenons à notre analogie. Pour arrêter le vacarme, il suffit de soulever le couvercle du lave-linge et de répartir également la couverture dans le tambour. Ainsi, lorsque vous faites repartir la machine, le tambour tourne de façon parfaitement calme et harmonieuse. Les 112 différents éléments dont les couches sont incomplètes cherchent à équilibrer leur oscillation en se liant à d'autres atomes, qui possèdent une oscillation complémentaire. Lorsqu'ils se lient, les deux atomes déséquilibrés se remettent à tourner en harmonie.

C'est le nombre de couches occupées par les électrons et l'état de la couche extérieure (nombre d'électrons) qui déterminent l'activité chimique d'un atome. Les gaz nobles sont des éléments uniques parce qu'ils sont les seuls à posséder une couche externe remplie par le nombre maximal d'électrons. C'est donc parce qu'ils tournent déjà parfaitement en harmonie sur eux-mêmes que les gaz nobles ne cherchent pas à se lier à d'autres éléments et qu'ils sont chimiquement inactifs.

Inversement, les 112 autres éléments se lient chimiquement entre eux pour essayer de rétablir l'équilibre dans leur mouvement de spin. Par conséquent, ces liens chimiques représentent un rapport de codépendance. Dans l'établissement de ces liens, chaque atome dépend (il a besoin) d'un autre atome pour trouver la paix et l'harmonie. Le mot clé à la base de ce rapport de dépendance est « besoin ».

Prenons par exemple le lien entre les atomes de sodium et de chlore, des éléments qui sont parfaitement faits pour s'entendre. Le chlore (Cl) possède un total de 17 électrons qui occupent trois couches : deux électrons dans la première couche (capacité maximale), huit électrons dans la deuxième couche (capacité maximale) et sept électrons dans la couche extérieure. Pour que son mouvement rotatif soit harmonieux, il faudrait que le chlore se dote d'un électron supplémentaire dans sa couche extérieure (voir la flèche B dans l'illustration suivante).

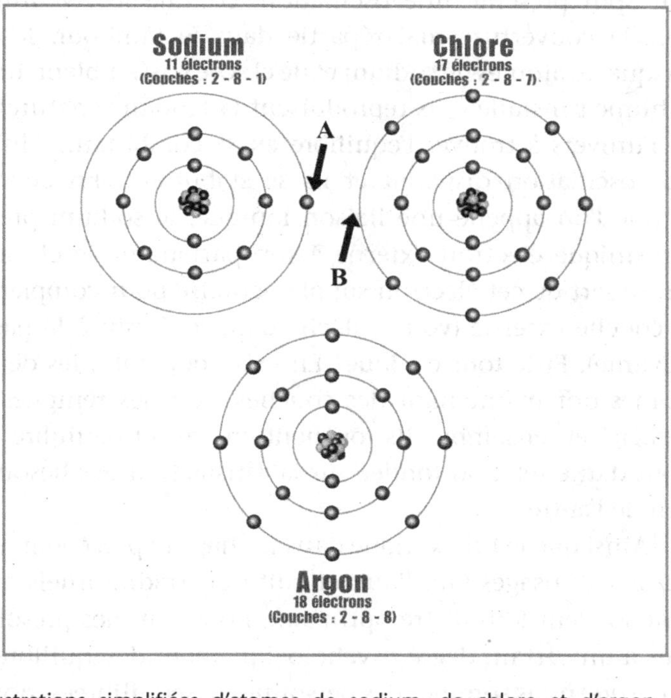

Illustrations simplifiées d'atomes de sodium, de chlore et d'argon. Le noyau d'un atome est un regroupement de protons (charge positive) et de neutrons (charge neutre). Autour du noyau, les électrons sont répartis sur des anneaux qui représentent ici les couches de l'atome. L'atome d'argon a un mouvement rotatif parfait parce que sa couche extérieure est remplie à capacité d'électrons. Par contre, les atomes de sodium et de chlore présentent un mouvement d'oscillation parce que leur couche extérieure n'est pas remplie à capacité.

Quant à l'atome de sodium (Na), il possède un total de 11 électrons dans ses trois couches : deux dans la première (capacité maximale), huit dans la seconde (capacité maximale) et seulement un dans sa couche externe. Pour que le mouvement rotatif soit harmonieux, la couche externe de l'atome de sodium doit se doter de sept électrons supplémentaires ou bien perdre cet électron solitaire (voir la flèche A sur l'illustration précédente).

En somme, les couches externes d'électrons du sodium et du chlore sont toutes deux incomplètes. Séparément, leur spin présente une oscillation, comme le lave-linge avec la couverture mal répartie dans le tambour. Mais lorsque les atomes de sodium et de chlore s'assemblent, une « chimie s'installe ». Ils reproduisent la tendance naturelle de l'univers à trouver l'équilibre en se combinant. Ainsi, leur oscillation disparaît et ils se stabilisent. En créant ce que l'on appelle une liaison ionique, le sodium prête son unique électron externe à son partenaire, le chlore, qui se sert de cet électron supplémentaire pour compléter sa couche externe (voir la flèche dans le dessin à la page suivante). Et le tour est joué ! En « s'accouplant », les deux atomes ont maintenant des couches externes remplies à capacité et, ensemble, ils tournent en parfait équilibre. Il s'agit d'une relation fondée sur la satisfaction des besoins l'un de l'autre.

Ainsi que je l'ai expliqué dans le chapitre précédent, en raison des usages familiaux et culturels traditionnels qui sont souvent loin d'être optimaux, nous sommes presque tous à un certain degré psychologiquement déséquilibrés. Parce que nous sommes des personnes déséquilibrées, nous faisons la même chose que les atomes : nous cherchons un partenaire complémentaire qui est lui aussi déséquilibré. Lorsque les deux partenaires viennent compléter les déséquilibres l'un de l'autre, ils peuvent évoluer en harmonie sans trop de secousses, d'oscillations.

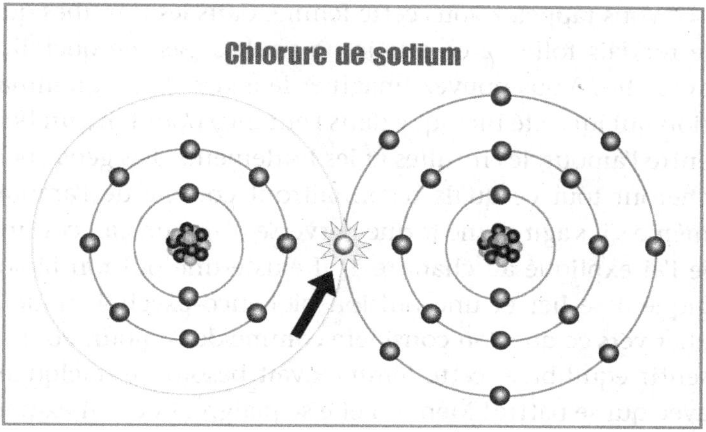

Alors que notre conscient part à la recherche de partenaires pouvant combler nos souhaits et nos désirs, notre inconscient, lui, cherche des personnes possédant des traits de caractère venant compléter nos déséquilibres personnels non révélés. Pour donner un exemple extrême de cette codépendance, disons que les sadiques, qui aiment infliger la douleur, cherchent à se lier aux masochistes, qui prennent plaisir à ce qu'on leur inflige de la douleur.

Dans le processus inconscient qui conduit à la création d'un rapport de codépendance, vous ne perdrez pas d'électrons, mais vous penserez peut-être que vous êtes perdant à vivre avec le partenaire déséquilibré que votre inconscient a attiré à vous et non avec le merveilleux partenaire que votre conscient avait visualisé. Mais même lorsque les rapports se détérioreront une fois la lune de miel passée et que le partenaire de vos cauchemars commencera à faire marche arrière, vous ne voudrez peut-être pas le laisser partir ! Vous crierez peut-être : « Ne me quitte pas ! » Vous savez que votre partenaire abuse de vous, mais vous ne voulez pas qu'il parte parce qu'il assure un équilibre, même si c'est un équilibre dysfonctionnel. Telle est la définition de la codépendance !

Vous rappelez-vous cette femme dans les Caraïbes que je rendais folle parce que je ne voulais pas me quereller avec elle? Vous pouvez imaginer le genre de programmation qui lui a été inculqué dans l'enfance pour faire un lien entre l'amour, les insultes et les hurlements. Les gens chercheront tout ce qu'ils reconnaîtront comme de l'amour, même s'il s'agit d'une forme perverse d'amour, car, comme je l'ai expliqué au chapitre 1, il existe une pulsion biologique à se lier et une pulsion biologico-psychologique à aller vers ce que l'on considère comme de l'amour. Pour se sentir équilibrée, cette femme avait besoin de quelqu'un avec qui se battre! Même si elle se plaignait de son ex-partenaire, elle ne voulait pas changer. Elle cherchait toujours inconsciemment la violence. J'ai appris une chose dans la vie : vous ne pouvez pas changer quelqu'un à moins que la personne ne demande votre aide. Sans cela, vos efforts resteront vains.

Bien entendu, ainsi que je l'ai clarifié plus haut, je n'étais pas un modèle d'équilibre non plus. Vous rappelez-vous cette autre femme dans les Caraïbes qui m'avait dit, à juste titre, que j'étais trop dans le besoin affectif? J'essayais désespérément de trouver une partenaire pour combler mon besoin biologique et trouver l'équilibre. Mais je ne cherchais pas l'amour au bon endroit. En fait, comme la femme qui associait l'amour aux hurlements, je cherchais l'amour exactement aux «bons» endroits vu que mon inconscient était totalement encombré de programmes négatifs. Je cherchais inconsciemment à établir une relation de codépendance pour retrouver l'équilibre dans ma vie.

Gaz nobles : lasers et amour

Penchons-nous cette fois sur l'équivalent chimique de la version améliorée de l'inconscient que j'ai décrite dans le chapitre précédent. Une fois que vous avez établi un équilibre entre le conscient et l'inconscient, vous n'êtes plus un atome de sodium désespérément en quête d'un atome de chlore. Vous devenez un gaz noble dont le spin s'effectue en parfaite harmonie. Vous n'avez plus besoin d'un autre élément pour vous équilibrer.

Vous pourriez répliquer que le fait d'utiliser les gaz nobles en tant que modèle d'inspiration pour ce dernier chapitre de *L'Effet lune de miel* est vraiment étrange. Je vous concède qu'au premier abord les gaz nobles font davantage penser à Ayn Rand qu'à Rumi ! Pauvre argon, pauvre néon, etc., ils ne connaîtront jamais le véritable amour puisque leur spin parfait ne les amènera jamais à avoir besoin d'un partenaire !

Il est vrai que lorsque les gens qui tournent bien rond, à l'instar des gaz nobles, ont l'occasion d'entreprendre une relation dysfonctionnelle, ils ne la saisissent pas. Les atomes qui ne tournent pas rond dans leur entourage peuvent agir aussi follement qu'ils le désirent, les gaz nobles ne seront pas attirés par eux. Au contraire, ils continueront de tourner rond tout seuls. Ainsi que je le dis aux gens qui assistent à mes conférences, « les gaz nobles peuvent certes aimer les abrutis, mais ils n'y sont pas attachés ! ».

Il est également vrai que les gaz nobles peuvent vivre seuls et parfaitement heureux. Lorsque j'ai refait ma programmation (des vestiges de la programmation négative émergent encore de temps à autre !), j'ai trouvé la paix intérieure. J'étais enfin capable de réussir haut la main le test (musculaire) du « Je suis digne d'amour » et, pour la première fois de ma vie, je ne ressentais pas le besoin pressant d'avoir une partenaire pour me donner l'impression d'être complet. En fait, je n'ai pas eu de partenaire pendant longtemps et cela ne me manquait pas. J'étais passionné par ce que je faisais, je transmettais la notion de la nouvelle science selon laquelle les gènes ne déterminent ni nos vies ni nos relations. Je me liais avec enthousiasme à des gens nouveaux qui pensaient comme moi. J'étais un électron libre qui faisait cependant l'expérience de l'effet lune de miel.

Mais, me rétorquerez-vous, comment les gaz nobles s'en tirent-ils dans les relations étant donné leur propension à si bien tourner rond tout seuls? Réponse : «De manière spectaculaire!»

Afin de bien saisir la portée de cette réponse surprenante, nous devons envisager une autre caractéristique des gaz nobles : leur capacité à former des excimères. Un excimère, abréviation d'«*excited dimer*», est une association liante spéciale entre deux atomes qui ne se lieraient pas dans leur état normal. Lorsqu'un atome de gaz noble est touché par un photon lumineux, son état normal est profondément altéré. L'atome absorbe l'énergie du photon et commence à vibrer plus rapidement en raison du niveau plus élevé d'énergie. Pour dire les choses plus simplement, disons qu'un gaz noble «illuminé» devient «excité». Et un atome de gaz noble se trouvant dans un état d'excitation cherchera à se lier, à s'associer à un autre atome de gaz noble afin de partager son excitation! Les atomes de gaz noble forment des excimères qui sont représentés par les formules chimiques suivantes : Ar_2, Kr_2, Xe_2, He_2, Ne_2 et Rn_2.

Ainsi, à l'inverse de la chimie «traditionnelle», fondée sur les liens de codépendance des atomes pour trouver stabilité et équilibre dans leur mouvement rotatif, ces atomes énergisés de gaz nobles sont comparables aux gens fin prêts pour l'amour altruiste, la bienveillance et le partage. Ainsi, en travaillant et en modifiant mes programmes déséquilibrés inconscients, je crois que j'étais devenu un « garçon excité » qui tournait bien rond tout seul lorsque Margaret a fait son apparition dans ma vie. Et ensemble, nous avons créé un excimère de bonheur éternel, qui dure encore (voir l'épilogue).

Cela me rappelle le documentaire *After Happily Ever After* (« Après le bonheur éternel »), qui posait un regard saugrenu, mais amusant (avec un imitateur d'Elvis Presley à Las Vegas) sur le mariage aux États-Unis, où 90 % des gens se marient, mais où seulement 50 % des unions perdurent. Dans ce documentaire, Stephanie Coontz, l'auteure de *Marriage, a History : How Love Conquered Marriage* (« L'histoire du mariage : comment l'amour a conquis le mariage ») dit ce qui suit : « Pour la première fois depuis des milliers d'années, le mariage ne concerne pas seulement l'amour, mais également le respect mutuel et les possibilités égales entre hommes et femmes. Lorsqu'une union fonctionne, elle est plus juste et plus satisfaisante, et elle protège ses membres (enfants comme adultes) plus qu'elle ne l'a jamais fait auparavant dans l'histoire. » Cela me semble la définition parfaite de l'union entre des gaz nobles !

L'état d'excitation d'un excimère se traduit par une émission d'énergie supplémentaire, à la manière d'un photon lumineux. Les couples d'excimères rayonnent ! Dans des circonstances normales, la durée de vie d'un excimère rayonnant solitaire est plutôt courte. Toutefois, si d'autres atomes de gaz nobles se trouvent à proximité, ces derniers peuvent absorber ce rayonnement photonique et devenir eux-mêmes excités. Ceci veut dire que les excimères peuvent engendrer d'autres excimères. C'est cette caractéristique des gaz nobles qui a permis de mettre au point le laser, acronyme de *Light Amplification by Stimulated Emission of Radiation* (« amplification lumineuse par stimulation de l'émission de radiation »).

Un laser est un tube rempli d'atomes de gaz nobles que l'on excite par la suite avec de l'énergie. Celle-ci engendre la formation de dimères excités de gaz nobles (couples). Les excimères activés rayonnent et émettent leurs propres photons, qui à leur tour activent d'autres atomes de gaz nobles pour engendrer d'autres dimères excités. Lorsque la population d'excimères activés augmente, les photons qu'ils émettent déclenchent une réaction en chaîne qui se traduit par une amplification lumineuse puisque de plus en plus d'excimères produisent un rayonnement lumineux. Au début, la lumière rayonnante est peu intense. Toutefois, lorsqu'on augmente la stimulation de l'émission d'excimères, cette lumière s'intensifie toujours davantage. Une cohérence s'installe parmi les photons émis, qui harmonisent leurs ondes lumineuses afin d'être tous en phase. C'est ce qui crée un rayon laser, faisceau lumineux si puissant qu'il peut trouer un mur d'acier et passer à travers lui.

Un jour, j'ai monté un spectacle aux lumières laser et je peux vous dire d'expérience que les couleurs kaléidoscopiques, l'intensité et la pureté de la lumière au laser exercent un puissant effet de fascination sur la foule. Les humains « illuminés » comparables aux gaz nobles peuvent avoir ce puissant effet similaire sur notre planète étant donné qu'ils comprennent la vérité des paroles de Bharat Mitra, cet entrepreneur philanthrope et humanitaire : « Bien vivant dans le cœur de chacun se trouve le désir de participer à quelque chose de plus grand que soi. » Les humains sont attirés par les gaz nobles ainsi que cela a été le cas pour Bharat Mitra (Yoav Lev) et sa femme Bhavani (Holly B.) Lev, les fondateurs d'Organic India), lorsqu'ils ont mis sur pied une communauté qui aide à guérir notre planète (plus de détails à ce sujet plus loin).

Pas besoin d'être un spécialiste des fusées, un climatologue, un activiste antiguerre ou un biologiste cellulaire pour comprendre que notre planète a besoin de soins. Un terme existe pour qualifier ce dont l'humanité fait actuellement l'expérience. Lorsque les cellules de notre corps se battent les unes contre les autres, on appelle cela une maladie auto-immune. Ce dont l'humanité, ce superorganisme de sept milliards de personnes, fait l'expérience actuellement, c'est d'une très grave maladie auto-immune.

À l'exception des humains, tous les organismes qui constituent la biosphère collaborent entre eux. Nous, par contre, nous sommes en train d'engendrer notre propre extinction parce que nous sommes totalement coupés de la nature. Les projections selon lesquelles, dans trente ans, il ne restera plus aucun poisson dans les mers relèvent d'un cauchemar de science-fiction, mais elles sont une réalité scientifique qui nous avertit entre autres choses de la nécessité de changer notre mode de vie. Qu'il s'agisse de maladies ou de crises sociales, tous les problèmes de l'humanité se résument au fait que nous sommes incapables de comprendre que nous nous détruisons nous-mêmes lorsque nous détruisons notre environnement. Ainsi que James Lovelock l'avance, notre planète est un superorganisme complexe et intégré. Comme nous faisons tous partie de cet environnement, lorsque nous le détruisons, nous nous détruisons nous-mêmes[1].

Si Mère Nature devait traîner la civilisation humaine devant les tribunaux pour la destruction de la planète par cette dangereuse maladie auto-immune, l'équipe de la défense mettant l'accent sur la croyance darwinienne de la survie du plus fort désignerait sans doute des êtres humains stellaires comme Einstein et Beethoven pour avancer que les humains ne méritent pas d'être condamnés. Mais cette tactique de défense n'irait pas bien loin puisque l'évolution ne concerne pas seulement les individus les plus forts, mais aussi l'impact de l'espèce dans sa globalité. Dans ce cas, les actes collectifs de sept milliards d'humains ont généré une liste de palmarès épouvantables et indéfendables.

Les choix laissés à l'humanité sont clairs : nous pouvons continuer de faire ce que nous faisons et finir comme les dinosaures, ou changer notre façon de vivre. Malgré notre penchant pour la destruction, je reste optimiste. Ainsi que je l'ai expliqué au chapitre 1, l'évolution est animée par la formation de collectivités qui coopèrent. Même si certains rueront dans les brancards, je crois que le chaos actuel nous poussera de force vers notre prochaine phase évolutive, qui verra la prolifération de gaz nobles bienveillants et capables de collaboration.

Toutefois, nous ne pouvons rester assis sans rien faire dans notre fauteuil et sortir un beau jour pour accueillir le Nouveau Monde. L'évolution est un processus actif, pas un processus passif, où chacun doit y mettre du sien. Je souscris non seulement à la théorie de Lovelock sur Gaïa, mais également à son conseil avisé d'éviter la forme-pensée « nous contre eux » :

> « Si nous voulons tous bien vivre sur terre et survivre à ce siècle, nous devons comprendre qu'il ne suffit pas de se battre pour les droits de l'homme. Nous devons comprendre que nous et tous les autres êtres vivants, des bactéries aux arbres en passant par les amibes et les baleines, faisons tous partie de ce grand système vivant qu'est la Terre. Et plus important encore, nous devons agir personnellement et ne pas attendre que les autres fassent les choses à notre place. Nous avons beaucoup trop tendance à chercher des boucs émissaires, à blâmer autrui pour les problèmes environnementaux,

alors que nous sommes tous concernés. Tout ce que nous faisons a un impact direct sur notre milieu ambiant. Nous ne devons pas l'oublier[2]. »

Je vous concède qu'il n'est pas facile de suivre le conseil de Lovelock lorsqu'on lit les articles déprimants de première page sur les déversements d'hydrocarbure et la corruption dans le milieu des affaires et le monde politique. Je trouve qu'il m'est beaucoup plus facile de ne pas essayer de trouver de bouc émissaire lorsque je porte mon attention sur les gaz nobles qui font leur part pour changer le monde. Voilà pourquoi j'ai décidé de terminer ce chapitre en vous présentant quelques-uns des gaz nobles que j'ai eu le privilège de rencontrer personnellement durant le long et fascinant périple au cours duquel j'ai délaissé mon costume de scientifique agnostique pour endosser celui de scientifique spirituel.

Des roses, du tulsi et de la dignité

Lorsque Margaret et moi avons reçu l'invitation de nous rendre en Inde pour rencontrer Bharat Mitra et Bhavani Lev, nous avons senti le pressant besoin d'accepter. Comment pouvions-nous ne pas vouloir rencontrer en personne (pas juste sur Skype) un couple qui avait fondé une merveilleuse communauté et une formidable compagnie appelées ORGANIC INDIA. La philosophie qui sous-tend cette création est axée sur Gaïa : « La création ne fait qu'un. La Terre ne fait qu'un. Nous ne faisons tous qu'un. »

Comme c'est le cas pour de nombreux Occidentaux, Bharat Mitra (d'Israël) et Bhavani Lev (des États-Unis) sont partis en quête spirituelle en Inde. Là-bas, ils ont rencontré un gourou, Sri H. W. L. Poonja (Papaji) et connu une vie plus simple. Mais à l'inverse de la plupart des pèlerins, ils sont restés en Inde et ont fait de Lucknow (la capitale de l'État de l'Uttar Pradesh et l'endroit où ils ont vécu avec Papaji) leur ville d'accueil pour leur foyer et le quartier général d'Organic India. « Nous avons senti un appel, celui de commencer une révolution biologique en Inde », dit Bhavani. Se comportant exactement comme des gaz nobles illuminés, Bharat et Bhavani ont à leur tour communiqué cet état « d'excitation » à d'autres personnes de type « gaz nobles » pour créer une communauté qui laisserait rayonner leur lumière pas seulement entre eux, mais aussi dans le monde entier.

Leur révolution a commencé en 1997 dans la ville d'Azamgarh. Dans les années 1960, de nombreux agriculteurs de cette communauté avaient adopté les méthodes agricoles de pointe de la « révolution verte » que les grandes compagnies occidentales avaient introduites en Inde. Ces agriculteurs avaient donc hypothéqué leurs fermes et leur vie pour acheter des semences génétiquement modifiées très chères, mais prometteuses. Et ils ont dû emprunter davantage pour payer les fertilisants et les pesticides de synthèse, ainsi que les systèmes d'irrigation modernes nécessaires pour faire pousser ces plantes génétiquement modifiées. L'objectif était de sortir le pays de la famine que l'on jugeait autrefois inévitable. Au début, cela a semblé fonctionner. Les récoltes ont augmenté. Les villes anciennement frappées par la pauvreté et les fermiers y habitant se sont mis à prospérer.

Mais au moment où Organic India a entamé ses activités à Azamgarh, de nombreux agriculteurs avaient perdu leurs illusions et ils étaient désespérés. En effet, leurs champs étaient bien devenus verts, mais dans ce but les agriculteurs avaient pompé tant d'eau de la nappe phréatique qu'il fallait qu'ils creusent des puits de plus en plus profonds et qu'ils empruntent de plus en plus d'argent. Les organismes génétiquement modifiés (OGM) et les pulvérisations de produits chimiques se sont traduits par un désastre environnemental aux conséquences dévastatrices. Les récoltes monstrueuses d'OGM de Monsanto ont accéléré l'épuisement des sols, amenant la pourriture brune des cabosses dans les plants, ce qui, à son tour, s'est traduit par une invasion d'insectes destructeurs. Les agriculteurs ont dû emprunter encore plus d'argent pour acheter de plus en plus de produits chimiques afin de protéger leurs cultures des insectes qui étaient devenus résistants aux produits. Au cours de la dernière décennie, presque 200 000 agriculteurs indiens, incapables de poursuivre le travail sur leurs terres appauvries et de rembourser leurs dettes, se sont donné la mort, souvent en buvant les pesticides qui, leur avait-on dit, devaient leur assurer un bon gagne-pain pour eux et leurs familles[3].

Lorsqu'Organic India s'est installée à Azamgarh, il n'est pas surprenant que les agriculteurs aient été méfiants face à d'autres Occidentaux qui leur demandaient de changer radicalement leur façon de travailler. Et sur le plan purement pratique, ils hésitaient à devenir des agriculteurs biologiques, car il faut au moins trois ans pour qu'un champ soit certifié biologique.

Malgré toute cette méfiance, un agriculteur du nom de Kailash Nath Singh a décidé de saisir cette occasion de devenir un agriculteur biologique en travaillant sa petite terre d'un hectare et demi. Non seulement Singh revenait aux modes agricoles ancestraux, mais il le faisait avec un végétal traditionnel appelé tulsi (également nommé basilic sacré), une plante médicinale utilisée depuis des milliers d'années en médecine indienne traditionnelle (Ayurveda) pour soigner le corps et l'esprit.

Grâce aux subventions accordées par Organic India aux agriculteurs pendant leur transition, il existe de nos jours, soit quinze ans plus tard, 1 000 agriculteurs biologiques à

Azamgarh et 20000 dans tout le pays. Les histoires racontées par ces agriculteurs sont incroyablement touchantes et viennent directement prouver la durabilité de l'agriculture biologique : enrichissement permanent du sol, troupeaux plus sains, moins de fausses-couches chez les femmes, et des enfants pleins de vie. « L'agriculture biologique s'est avérée une vraie bénédiction pour notre famille. Les générations à venir en récolteront les fruits et réaliseront que les sols n'ont pas perdu leur fertilité à cause de l'emploi temporaire des produits chimiques », dit Kailash Nath Singh.

Je ne peux vous dire à quel point cela a été une source d'inspiration pour Margaret et moi de voir des femmes et des hommes travailler dans des champs biologiques de tulsi, de psyllium et de roses musquées au parfum enivrant (la rose sert à la préparation de leur fabuleux thé sucré à la rose et au tulsi), cultivant leurs champs de façon durable. Ils guérissent la planète un champ à la fois. « Ce n'est pas seulement le fait qu'ils ont des revenus assurés, que leur environnement est sain, que leurs troupeaux se portent bien, que leur santé s'est significativement améliorée ; c'est surtout le fait qu'ils ont retrouvé la dignité d'être de nouveau des agriculteurs. Que c'est beau ! Que c'est naturel ! Que c'est simple ! » s'exclame Bharat Mitra.

Les récoltes de ces agriculteurs sont traitées à Lucknow et expédiées partout dans le monde vers les consommateurs (comme Margaret et moi) qui demandent à cor et à cri des produits biologiques, ce qui veut donc dire qu'Organic India a également un impact généralisé dans le monde. Cette compagnie est totalement engagée dans sa vision, celle d'être un véhicule de conscience. En effet, les responsables gèrent l'entreprise d'une manière qui est bénéfique non seulement à tous ceux qui travaillent pour elle, mais aussi aux consommateurs qui achètent des produits de haute qualité. « À moins de sentir que nous faisons tous partie d'une seule et même conscience, nous nous traiterons les uns les autres comme si nous ne comptons pas », dit Bhavani.

Le plus récent projet mis sur pied par Bharat Mitra et sa femme est AHIMSA (Association for Holistic Integrative Medical Science in Action ou Association pour une science médicale holistique et intégrative à l'action), une fondation de recherches indépendantes formée par « un groupe de spécialistes médicaux, de savants, de chercheurs et de visionnaires sociaux dotés du sens des affaires ». Tous ces gens œuvrent en fonction de l'énergie du cœur et de l'esprit avec une intégrité de gaz nobles (équilibre) et de la passion (énergie). À l'instar d'un laser, l'objectif des excimères d'AHIMSA est de répandre la lumière, l'illumination, dans le monde. Par leur amour altruiste, ces gens veulent sortir la santé des griffes des grandes multinationales axées sur les profits en fournissant des recherches indépendantes solides effectuées sur des remèdes holistiques qui « engendrent, suscitent et promeuvent le véritable bien-être au sein de tous les peuples ».

Margaret et moi avons été honorés d'avoir été invités à faire partie d'AHIMSA, dont la vision à long terme sur le plan du progrès évolutionnaire nous a particulièrement impressionnés. Un des éléments qui est totalement intégré au processus de planification est la durabilité, ainsi que cette question l'exprime : « Que penseront d'AHIMSA les petits-enfants de nos petits-enfants ? » Voilà le genre de perspective à long terme qui faisait absolument défaut dans la révolution de l'agriculture verte non durable. Nous sommes très heureux d'appartenir à un groupe qui adopte une vision à long terme en ce qui concerne la santé des gens et de cette planète.

Des parents conscients

Je suis le premier à admettre que je n'étais pas prêt à être père et que j'ignorais l'importance de la qualité parentale (par opposition aux gènes) pour le développement des enfants. Avec un recul total, je peux affirmer que j'aimerais pouvoir reprendre et changer beaucoup de choses en tant que père. Maintenant que je vois mes filles et mes beaux-fils élever leurs enfants dans la conscience, d'une façon qui signifie que ces enfants, contrairement à leur grand-père, n'auront pas à reprogrammer une grande partie de leur programmation négative, je me demande comment j'ai pu être aussi ignorant. Cela me rappelle la description de l'agriculture biologique donnée par Bharat Mitra, qui pourrait également servir à décrire l'éducation parentale consciente : « Que c'est beau ! Que c'est naturel ! Que c'est simple ! »

Si simple que la psychothérapeute britannique Sue Gerhardt ne pouvait le dire plus justement quand elle écrit dans son livre *Why Love Matters : How Affection Shapes a Baby's Brain* (« L'importance de l'amour : comment l'affection forme le cerveau du bébé ») : « Par-dessus tout, ma recherche me porte à croire que si la volonté et les ressources sont là, le tort causé à une génération n'a pas besoin d'être transmis à la génération suivante. Un enfant blessé n'a pas nécessairement besoin de devenir un parent blessant[4]. »

Il n'y a rien d'inévitable génération après génération de mauvaise éducation parentale. On ne peut trop mettre l'accent sur l'importance qu'il y a à briser ce cercle vicieux. Au chapitre précédent, j'ai expliqué comment la programmation négative pouvait saper les relations. Par contre, je n'ai pas parlé de l'impact profond qu'une bonne éducation parentale pouvait avoir sur cette planète déchirée par la violence !

Dans les années 1990, James W. Prescott, ex-directeur de la section Santé de l'enfant et développement humain, de l'Institut national de la santé, a conclu que les sociétés les plus paisibles sur terre comptent des parents qui entretiennent des contacts physiques et bienveillants avec leurs enfants (en portant par exemple les bébés sur la poitrine ou le dos tout au long de la journée). En outre, ces sociétés ne répriment pas la sexualité chez les adolescents et la considèrent au contraire comme une phase naturelle de leur développement qui les prépare à entreprendre de solides relations adultes. Prescott a également découvert que les enfants (et les animaux) qui ne sont pas touchés avec tendresse sont incapables d'éliminer leurs hormones de stress, incapacité qui est le signe avant-coureur d'un comportement violent. « En tant que neuropsychologue du développement, j'ai consacré beaucoup de temps à étudier le rapport particulier qui existe entre la violence et le plaisir. Je suis dorénavant convaincu que c'est l'absence de plaisir sensoriel physique qui est la principale cause de la violence[5] », dit Prescott.

La recherche très pertinente de Prescott a été ignorée dans les sociétés dites « évoluées », où le processus naturel de la naissance a été médicalisé, où les nouveau-nés sont séparés de leurs parents pendant de longues périodes de temps, où l'on dit aux parents de laisser pleurer les nourrissons par crainte de les gâter, où les parents talonnent leurs enfants en leur disant qu'ils ne sont pas assez bons, et ce, pour qu'ils fassent mieux, où les parents croient que la destinée est dans les gènes et laissent leurs enfants grandir seuls. Tous ces comportements parentaux non naturels constituent les ingrédients parfaits pour que la violence se perpétue sur cette planète.

Il a été difficile d'attirer l'attention du public sur le fait que l'affirmation personnelle, l'éducation parentale consciente et la paix planétaire sont liées, même si ce lien a été prouvé par de solides recherches. Mais je crois sincèrement que, face à la crise généralisée actuelle, le message de paix et d'holisme, actuellement bien ancré dans la transformation de la pensée scientifique traditionnelle, est enfin entendu. Le signe que la conscience chez les gens augmente est corroboré par le fait qu'une version de la nouvelle science, une extrapolation de la physique quantique appelée épigénétique, ainsi que l'éducation parentale consciente que j'ai détaillée dans mon ouvrage *Biologie des croyances* ont toutes deux été primées en reconnaissance de leur propension à créer la paix dans le monde.

Le premier prix, le Goi Peace Award («prix Goi pour la paix»), est accordé chaque année pour «une contribution à la réalisation d'un monde paisible et harmonieux pour toute vie sur terre». En 2009, Hiroo Saionji, président de la Goi Peace Foundation («Fondation Goi pour la paix») a clairement précisé que le message de la nouvelle science sur la prise de pouvoir personnel concerne bien plus que le pouvoir personnel. «Cette recherche a contribué à mieux comprendre la vie et la véritable nature de l'humanité, permettant à de grandes couches de la population de prendre le contrôle de leur propre vie et de devenir des cocréateurs responsables d'un futur planétaire harmonieux.» Quant au second prix concernant la reconnaissance de la nouvelle science, il s'agit du prix 2012 du Thousand Peace Flags, octroyé par deux organisations commanditées par les Nations unies, soit Mil Milenios de Paz («Mille millénaires de Paix») et Fundación PEA («Fondation Paix, Écologie et Art»).

Alors que nos problèmes personnels et les efforts que nous faisons pour bâtir des relations harmonieuses nous ralentissent beaucoup, de tels prix replacent ces problèmes dans un contexte beaucoup plus vaste et significatif. La nouvelle science laisse entrevoir non seulement un monde où la codépendance n'existera plus dans les relations, mais, par conséquent, un monde où les relations ne feront pas entrer en jeu quatre « cerveaux ». Ce sera également un monde sans violence du fait que tous les enfants recevront les soins et l'attention dont ils ont besoin pour s'épanouir et créer un monde meilleur.

Mettre en relation les gaz nobles

Alors que je rédigeais cet ouvrage, j'ai demandé aux gens de mon réseau en ligne si certains parmi eux avaient appliqué les principes que j'avais proposés dans *Biologie des croyances*. J'ai été soufflé par le très grand nombre de réponses positives, en particulier par cette lettre, dont je vous fais part :

> Salut Bruce !
>
> Voici comment votre livre *Biologie des croyances* a changé à tout jamais les rapports entre mon mari et moi :
>
> J'étais assise sur le siège de vinyle souple et je regardais fixement par la fenêtre alors que la lumière jouait sur l'eau à l'extérieur. Le train a pris de la vitesse pendant que nous glissions sur les rails entre Portland et Bellingham. Mais tout ce que j'entendais, c'était la voix de Bruce, car j'écoutais la version audio de *Biologie des croyances*. J'ai mentalement fait la liste de tous les points importants dont je voulais parler à mon mari, Martin, à mon retour. Il m'attendait à la gare. Avant que j'aie pu ouvrir la bouche, il m'a parlé du livre formidable qu'il venait à peine de terminer, intitulé *Biologie des croyances*.

Cela a été un grand tournant pour nous. Nous avons décidé que le moment était venu de changer les vieux disques qui jouaient sans arrêt dans nos têtes. J'ai suivi un stage de PSYCH-K, une des méthodes suggérées par Bruce pour reprogrammer l'inconscient (nos disques!) et que j'ai enseignée à Martin.

Nous avons établi la liste des disques qui jouaient le plus souvent dans nos têtes et utilisé les tests de vérification musculaire pour harmoniser les choses. Lorsque nous avons entrepris ce processus, nous vivions principalement dans le monde du travail et ne nous consacrions que très peu de temps l'un à l'autre. Nous pensions que c'était normal et ne réalisions pas que le fossé était en train de s'élargir entre nous. Par nos vieilles croyances récurrentes, nous suivions la même voie de rapports relationnels que nos parents nous avaient inculquée. Je nous voyais déjà loin dans le futur, tels des étrangers l'un pour l'autre se demandant ce qui était arrivé.

Et voilà que nous nous débarrassions de ces vieux disques devenus inutiles et que nous en gravions de nouveaux! Grâce à cette reprogrammation consciente, nous avons commencé à nous tracer une nouvelle voie. Nous sommes allés vivre dans un lieu où le rythme de vie est plus lent et nous avons décidé de créer des activités professionnelles plus en accord avec notre créativité. Il y a un an, je n'aurais jamais pensé que nous aurions pu créer une chose telle que Kickstarter (http ://kck.st/ybaRPo).

Notre relation est beaucoup plus florissante maintenant. Je sens que nous sommes sur la même longueur d'onde lorsque nous constatons que les vieux disques refont surface. Nous savons dorénavant comment composer avec ces vieux disques et travaillons de concert pour continuer sur notre voie.

Marcy Criner

Lorsque j'ai contacté Marcy avant la publication de ce livre, j'ai appris que le projet qu'elle et son mari avaient lancé sur le site Kickstarter, une application iPad devant permettre aux enfants d'écrire et d'illustrer des histoires, n'avait pas réussi à trouver de financement.

Pas découragés le moins du monde, Marcy et Martin ne se sont pas perdus en récriminations du genre « Tu aurais dû faire ceci... Non, tu aurais dû faire cela. » Ils ont plutôt trouvé une autre idée (un cours en ligne) n'exigeant aucun financement extérieur. Selon Marcy, c'est parce qu'elle et son mari avaient abandonné leurs vieux modèles parentaux et avaient créé une relation choisie consciemment qu'ils ont pu composer avec le fait que leur projet n'a pas trouvé preneur. « Nous avons su éviter de nous faire des reproches l'un l'autre. À la place, nous avons beaucoup souri et dessiné des images représentant les leçons tirées de cette expérience. »

En fait, Marcy et Martin ont fini par croire que le projet non abouti était une réussite puisqu'il leur a permis d'entrer en contact avec un grand nombre de personnes qui les ont encouragés : « Il n'était plus question d'argent, mais de personnes réunies pour nous soutenir nous et notre vision. » Voilà donc un autre exemple où des gaz nobles resserrent les rangs et mettent leur lumière en commun.

Internet est comparable au système nerveux humain parce qu'il a le potentiel de mettre en relation sept milliards d'êtres humains et de créer un seul organisme vivant, l'humanité. Je ne sais pas comment Internet évoluera (pas plus que je ne sais en détail comment la planète évoluera), mais je sais que les gaz nobles qui mettent sur pied un organisme comme AHIMSA ou qui entreprennent une révolution comme le Printemps arabe peuvent, grâce à Internet, faire de leurs mouvements des événements mondiaux, et ce, à une vitesse fulgurante. De plus en plus, les gens qui comprennent l'importance de la création d'une communauté harmonieuse mondiale se servent d'Internet pour faire en sorte que l'humanité entière soit interconnectée. Y compris moi. J'ai décidé de suivre mon propre conseil et de ne pas attendre sans rien faire que la prochaine étape de l'évolution se produise. J'ai décidé de mettre le pouvoir d'Internet à contribution en restant assis devant mon ordinateur. Je veux aider les gaz nobles de toute la planète à communiquer entre eux non seulement par mes livres et mes conférences, mais par mon site Web. Si vous avez une histoire à raconter et dont vous aimeriez faire part à ceux qui sont en quête de lumière et d'espoir, merci de me l'envoyer à bruce@brucelipton.com afin que je puisse l'afficher sur mon site. Grâce à Internet, nous pouvons créer une grande synergie qui permettra à Gaïa de rayonner.

Tout cela a l'air bien beau, Bruce, penseront certains d'entre vous, *mais es-tu certain que la planète va s'en tirer?* C'est une question qui m'est souvent posée, surtout de la part de gens découragés par le chaos actuel. Je ne suis pas Pollyanna [un personnage du roman du même nom], mais ainsi que je l'ai mentionné plus haut, je reste optimiste parce que j'ai eu le privilège de rencontrer un grand nombre de gaz nobles grâce à mon travail, des gens qui, individuellement ou collectivement, amènent la lumière dans le monde. Comme je l'ai expliqué au chapitre 1, il y a dans la nature et dans l'évolution des motifs fractaux répétitifs qui nous laissent entrevoir un aperçu, un espoir et une vision d'un futur durable.

Je crois sincèrement que la crise que nous traversons en ce moment nous forcera à évoluer et à changer, comme toutes les crises l'ont déjà fait. Par contre, je pense aussi que les choses seront ardues pour accéder au prochain barreau de l'échelle de l'évolution. En ce moment, nous assistons au démembrement des structures que les gens jugeaient autrefois solides comme du béton, entre autres les structures religieuses, politiques, économiques et académiques. Étant donné que ces structures sont prises dans de vieux systèmes de croyances désuets, je crois qu'elles ont besoin de s'effondrer afin que nous puissions dépasser leurs croyances restrictives, entre autres celle qui veut que le plus fort gagne : « Il faut que je te batte avant que tu ne le fasses » ou la croyance que les humains sont le fruit de mutations aléatoires ou enfin la notion que les gènes contrôlent nos vies. Toutes ces croyances que nous entretenons depuis 150 ans sont maintenant dépassées.

Assis devant mon ordinateur, je pense aux crises que l'humanité doit affronter et cela m'enthousiasme, car je crois que ces crises sont le signe que nous sommes au seuil de la prochaine étape de notre évolution, celle de la création d'un nouveau système de croyances qui donnera naissance à une civilisation fondée sur l'harmonie et sur l'actualisation du pouvoir personnel. Je ne saurais dire quelles seront les conséquences lorsque sept milliards d'humains décideront de cesser de s'entre-tuer et de tuer leur planète, et qu'ils prendront en charge le superorganisme qu'est l'humanité — s'ils le font. Je ne saurais pas plus le dire qu'une amibe aurait prédit ce qui serait survenu si 50 trillions d'entre elles s'étaient regroupées pour donner forme à un être humain ! Si vous aviez demandé à une amibe ce qui allait se passer, elle n'aurait absolument pas pu imaginer un voyage vers la Lune, les téléphones portables ou la télévision. Il est donc impossible de prédire ce qui arrivera lorsque sept milliards de personnes reconnaîtront collectivement qu'elles font partie de l'humanité, ce superorganisme lumineux. Par contre, je sais que ce sera quelque chose de prodigieux parce que la conscience humaine est l'un des plus puissants éléments pouvant influer sur l'évolution de cette planète.

Pendant ces temps chaotiques, je vous conseille de ne pas céder à la tentation de vous isoler ni de permettre à votre pulsion de protection de bloquer votre pulsion de croissance. Il s'agit d'une époque d'épanouissement, d'une époque d'intégration. Ce n'est pas le moment de vous murer. Par contre, n'hésitez pas à vous protéger (je fais des provisions alimentaires supplémentaires), mais ne vous arrêtez pas à ça. En gardant le contact avec les autres, vous aiderez à effectuer le changement.

Pour illustrer l'époque que nous vivons, j'aime bien établir une analogie avec la métamorphose de la chenille en papillon. Sous la peau d'une chenille se trouvent six à sept milliards de cellules. Chaque cellule est une entité dotée de sensibilité et correspond en fait à un être humain fonctionnel, en miniature. Chaque cellule a un travail à accomplir. Certaines travaillent dans le système digestif, d'autres dans le système musculaire, etc. Chaque cellule est « employée » et « rémunérée ». La chenille grossit. Son économie prospère. Tout prospère de façon luxuriante et c'est le bonheur.

Puis, un jour, la chenille cesse de s'alimenter et de bouger. À l'intérieur du petit monde de la chenille, les cellules regardent autour d'elles et se demandent : « Mais qu'est-ce qui se passe ? » Les cellules digestives sont licenciées parce qu'aucun aliment n'arrive depuis un certain temps. Les cellules musculaires perdent leur boulot parce que la chenille a cessé de bouger. Puis toutes les cellules commencent à être licenciées. La structure dans laquelle elles vivaient et qu'elles avaient créée s'effondre petit à petit. Les cellules se mettent à paniquer et nombre d'entre elles se suicident (apoptose). La structure hautement organisée qu'était la chenille devient un amalgame de cellules déconnectées de la structure. « Oh, mon Dieu ! Tout part à vau-l'eau ! »

Mais certaines cellules, identiques en tous points aux cellules paniquées, réagissent autrement. En plein chaos, ces cellules imaginales ont une vision différente et deviennent les chefs de file qui créent cette nouvelle vision. Tout d'un coup, toutes les cellules se rassemblent de nouveau, cette fois pour créer quelque chose de beaucoup plus évolué qu'une chenille, pour créer un magnifique papillon qui sort du magma et prend son envol.

Je pense que l'humanité est dans sa phase ultime de chenille, au moment où les cellules imaginales visionnaires (alias les gaz nobles) montrent le chemin vers un futur meilleur. Je ne peux m'empêcher de croire que le nombre de ces cellules imaginales (gaz nobles) atteindra une telle masse critique que notre planète guérira et passera à un ordre supérieur de vie. Je vois des champs verts biologiques, des parents attentifs, des couples heureux pour toujours et un fantastique nouveau papillon qui émet une lumière laser.

ÉPILOGUE

Le bonheur éternel

Comédie romantique mettant en vedette
Bruce et Margaret

Scène 1 : Une fille rencontre un gars

Je crois sincèrement que je t'ai aimé dès le premier instant où mon regard s'est posé sur toi...
et le fait que je te connais depuis un an et demi a conféré temps, espace, énergie et substance véritable à l'amour que je te porte, et sustenté mon âme.
J'imagine que cela fait de toi l'abreuvoir de mon âme!
Je t'aime, Margaret

— Lettre tirée des archives de lettres d'amour entre Margaret et Bruce

Margaret : Cela s'est passé comme dans un film. Le coup de foudre au premier regard dans une pièce comble de monde. Ou plus précisément coup de foudre au premier éclair dans une pièce comble de monde, un éclair qui m'a complètement coupé le souffle.

Alors que je revenais vers la rangée avant de la salle qui avait accueilli la conférence internationale de l'Association pour la santé périnatale et prénatale en 1995, j'ai aperçu le fondateur de l'organisation, Thomas Verny, en train de parler avec quelqu'un qui me tournait le dos. En passant à côté de cet étranger, j'ai poussé un soupir sans le vouloir et j'ai posé la main sur mon cœur dans un réflexe, là où j'avais ressenti un éclair d'énergie.

Je me suis arrêtée de marcher et je me suis retournée pour regarder. Thomas et cet étranger me regardaient avec curiosité, car le fort soupir que j'avais poussé les avait pris par surprise autant qu'il m'avait surprise, moi ! Mais j'ai tout de même réussi à marmonner un « Bonjour ! ».

Puis je me suis rendue jusqu'à ma chaise en me demandant ce qui s'était passé. La salle de réunion de l'hôtel San Francisco Cathedral Hill s'est remplie de centaines de personnes sans même que je m'en aperçoive. Je fixais le sol, essayant de me ressaisir de ce coup au cœur. Il s'agissait d'autre chose que d'attirance, de sensualité. Il s'agissait de bonnes vibrations, comme jamais je n'en avais ressenties. Et je n'avais même pas encore vu son visage !

J'ai levé les yeux et découvert que l'étranger était l'un des conférenciers du prochain groupe de spécialistes et qu'il s'appelait Bruce Lipton. À la fin de l'allocution de Bruce, qui avait galvanisé l'assemblée, j'ai littéralement dû jouer des coudes pour me rendre en avant des gens qui s'étaient agglutinés autour de lui. Ce faisant, je m'encourageai : *Margaret, ce n'est pas le moment d'être timide. Il faut que tu rencontres ce gars.* Je suis arrivée près de Bruce juste au moment où il donnait son adresse à une femme qui voulait lui envoyer un chèque pour la vidéo d'une de ses conférences qu'elle venait d'acheter. Lorsqu'il a nommé la ville, La Honda, en Californie, je n'ai pas pu m'empêcher de m'exclamer : « Vous habitez à La Honda ? Moi aussi ! »

Voilà que j'avais eu cette incroyable réaction viscérale en passant derrière cet homme qui habitait à quelques minutes de chez moi dans la minuscule ville de La Honda !

Peu avant la conférence, j'avais décidé de m'ouvrir (pour la première fois) à une relation totalement axée sur l'engagement, la communication et l'expression. Mais comme je n'en avais jamais connue avant, je n'avais pas la moindre idée de la façon dont je devais m'y prendre. Alors, j'avais lancé un appel à l'univers (pas pour la première fois) : « Très bien, Univers, je veux un signe, un signe si évident que je devrai passer à l'action. » J'étais convaincue d'avoir eu ce signe !

Comme Bruce, j'étais en train de me réinventer. Nous avions tous les deux atteint les confins de notre monde connu. J'avais mis fin à une carrière intense et gratifiante d'organisatrice qui avait duré seize ans au Summit Organization, un chef de file dans le mouvement du potentiel humain en Californie. J'avais également mis fin à une relation de 13 ans avec mon mentor, qui avait fondé cet organisme. J'avais été déchirée de quitter cet organisme où j'avais fait mes armes (j'avais commencé dans la vingtaine et j'en étais partie à l'âge de 39 ans). Et lorsque l'entreprise que j'avais aidé à mettre sur pied a fait faillite peu après et que mon mari est décédé (nous étions séparés), j'ai dû admettre que la vie que j'avais autrefois tant aimée était révolue.

À la Summit Organization, nous proposions des stages participatifs, dont le thème central sera familier à tous ceux qui s'intéressent au travail de Bruce : « C'est vous qui êtes responsable de votre vie. » En fait, la première fois que j'ai entendu une allocution de Bruce, il expliquait d'une façon qui m'était totalement inconnue le travail que j'avais fait pendant seize ans. Je me servais du langage de la « transformation » propre au mouvement du potentiel humain.

Bruce utilisait le langage de la biologie cellulaire et de la physique quantique. Mais je réalisai avec enthousiasme (une autre raison de croire que l'univers m'avait envoyé un signe) que nous parlions tous les deux de la même chose !

J'adorais mon travail à l'organisation, j'adorais nos clients et j'adorais mes collègues. Ces derniers étaient tous comme moi des passionnés de la découverte de soi. Nous étions aussi engagés face à nous-mêmes que ce que nos clients l'étaient à essayer de comprendre pourquoi nos vies respectives ne correspondaient pas à la vie que nous disions désirer. Il n'est pas surprenant que, vu ma passion pour le « travail » intérieur, mon objectif, après avoir quitté cette organisation, ait été de « transformer » (une fois de plus ce même mot) ce que j'avais traversé afin d'en retirer toute la sagesse possible et de passer au chapitre suivant de ma vie le cœur ouvert.

Mais, dans l'ordre des choses, j'avais besoin en premier lieu de décompresser. Quelle joie de simplement rester assise et de prendre tout mon temps pour boire mon café sans avoir à courir à mon prochain rendez-vous, à me précipiter sur le téléphone qui sonne, à me dépêcher pour me rendre à un stage réservé depuis un an. J'ai dit à mes amis que j'allais savourer mon temps libre et mon indépendance. Lorsqu'ils m'ont dit qu'ils espéraient que je trouve un nouveau compagnon, je leur ai rétorqué à la blague qu'ils devaient plutôt me souhaiter de m'amuser et de bien faire l'amour.

Mais tout cela a changé lorsque j'ai pris rendez-vous avec Kathlyn et Gay Hendricks pour une consultation privée. Ce couple se sert de techniques axées sur le corps pour faire émerger ce qui se passe réellement chez les gens et dans les couples. Même si Kathlyn et Gay forment un couple depuis vingt ans, on aurait pu dire qu'ils étaient en lune de miel. Il était évident qu'ils s'appréciaient, s'aimaient et s'honoraient l'un l'autre. Ces deux êtres sont engagées dans ce qu'ils appellent « la transparence émotionnelle », une chose qu'ils définissent comme étant la « capacité à connaître ses propres émotions et à en parler afin que les autres les comprennent ».

En travaillant sur moi avec eux, j'ai pris conscience que même si je souhaitais l'intimité, j'avais toujours dans mes relations gardé un œil sur une porte de sortie. Je savais qu'il ne me fallait plus ce genre de relation. Je pouvais bien m'en tirer seule. Mais ce couple m'a incitée à vouloir dépasser le comportement qui faisait que je me retrouvais toujours avec des hommes que je devais amener de force dans un rapport d'intimité. Je me suis donc ouverte à la possibilité de ce que j'appelais le grand amour.

Scène 2 : Un gars perd une fille

Petite merveille,
merci de m'aimer si bien... même si je ne me suis pas comporté de la manière qui convient à un tel amour.
Je t'aime énormément !
Brucie

— Lettre tirée des archives de lettres d'amour entre Margaret et Bruce

Bruce : Vous devez sans doute penser qu'à la suite du coup de foudre de Margaret, elle et moi, ces deux gaz nobles qui en avaient fini avec leur programmation négative (un de nous donnant régulièrement des allocutions sur l'impact de cette programmation à vous empêcher de créer la vie de vos rêves), avons connu l'extase.

Pas exactement, en fait. Nous qualifions notre relation de comédie romantique pour une bonne raison : la première heure et demie (en réalité les six premiers mois), il y a eu une série de contretemps et de fins de non-recevoir relevant davantage de la haute diplomatie que du bonheur éternel. Mais il y a également eu énormément de joies et de rires.

Le puissant coup de foudre de Margaret tombait vraiment sous le sens pour moi. Cela ne vous surprendra pas puisque vous avez lu le chapitre 2. Vous vous souvenez que tous les organismes émettent des vibrations uniques. Dans ce cas, Margaret avait créé dans son esprit une vision précise et unique quand elle avait travaillé avec les Hendricks, une vision neurologique aux fréquences cérébrales uniques. Ensuite, elle avait demandé à l'univers (alias son inconscient comparable à un superordinateur) de lui envoyer un signe lorsque la vibration juste entrerait dans son champ énergétique. Lorsqu'elle est passée derrière moi, Margaret a «lu» une signature énergétique émanant de moi qui correspondait parfaitement (harmonieusement... c'est une belle histoire de vibrations!) à la fréquence que son inconscient cherchait.

Le fait que Margaret ait eu le réflexe de poser sa main sur son cœur à ce moment-là tombe également sous le sens pour moi, car je crois que le cœur est l'organe récepteur et émetteur qui lit les champs énergétiques. Lorsque j'ai eu ma révélation sur la membrane cérébro-cellulaire dans les Caraïbes, que j'ai décrite dans mon livre *Biologie des croyances*, c'est mon cœur qui avait spontanément réagi dans cet incroyable moment de prise de conscience. En fait, je qualifie souvent ce moment «d'orgasme du cœur». Ce moment n'a pas seulement été un moment de grande compréhension intellectuelle, mais aussi un moment qui a amené mon cœur à sentir la vérité.

Même si je comprenais bien le coup de foudre de Margaret, je n'avais pas vécu la même expérience au moment de notre rencontre. Je savais que j'étais attiré par cette femme séduisante, intéressante, forte, honnête et agréablement directe. Par contre, je ne savais pas encore ce qui est maintenant évident pour moi, que j'avais rencontré l'amour de ma vie!

Ainsi que je l'ai expliqué dans l'introduction, quand il s'agit de relations, je n'apprends pas vite. En fait, je suis le genre de gars qui apprend en écrivant des milliers de fois la même phrase sur le tableau, à l'étude après l'école. J'avais fait d'incroyables progrès pour me déprogrammer, progrès qui, je le sais, avaient permis à Margaret d'entrer dans ma vie. Mais des vestiges de mon ancienne programmation me freinaient encore. Je voulais une relation fondée sur l'honnêteté et, en même temps, je voulais encore une relation qui ne m'obligerait pas à changer un seul mot de mon mantra vieux de dix-sept ans : «Je ne me remarierai jamais!»

Avec le recul, je réalise que j'ai fait ce qui aurait pu être le geste le plus stupide de ma vie. Je n'ai pas retenu Margaret! Comme je ne voulais pas l'induire en erreur, je lui ai dit que je n'étais pas prêt à m'engager profondément dans une relation.

Scènes 3 et 4 : Le gars et la fille commencent leur aventure

Le fait d'être avec toi m'a ouverte à l'amour
et je veux continuer à grandir dans le merveilleux amour
que j'ai pour toi et qui nous lie. J'adore me réveiller
auprès de toi, j'adore les discussions, les rires bêtes et les
câlins. J'adore ton côté débile, ton rire.
J'adore comment nous nous amusons ensemble.
Je t'aime, mon chéri.
Margaret.

— Lettre tirée des archives de lettres d'amour entre Margaret et Bruce

Margaret : Lorsque j'ai entendu Bruce me dire, ou que j'ai pensé qu'il m'avait dit, qu'il n'était pas disponible, j'ai fait la chose juste dans les circonstances : je lui ai souhaité bonne chance pour le futur. Mais j'ai pleuré pendant des jours et des jours comme si j'avais perdu l'amour de ma vie, comportement assez étrange (qui ne l'est pas si vous tenez compte de l'explication de physique quantique donnée plus haut par Bruce) si l'on tient compte du fait que je n'avais parlé à Bruce que quelques minutes !

Bien entendu, les choses n'en sont pas restées là. Après quelques autres tours et détours (la matière pour la scène 3 de notre comédie romantique), nous avons commencé à nous voir. Mais nous n'étions pas exactement encore sur l'inexorable trajectoire du bonheur éternel.

Chaque fois que nous nous rencontrions, Bruce me répétait qu'il n'était pas prêt pour une relation et, juste au cas où je n'aurais pas saisi le message, il s'assurait que nous nous rencontrions chez lui et que c'était lui qui cuisinait. Il ne voulait pas être mon obligé au risque de se faire prendre par un engagement permanent.

Après avoir bien questionné mon âme, j'ai mis de côté mes doutes et j'ai décidé de prendre le risque d'entamer une relation sans attache avec Bruce, au risque de me faire briser le cœur. Je me suis juré d'apprendre tout ce que je pouvais en étant totalement présente à une autre personne (j'ai renoncé à l'aspect « engagement total » du grand amour, mais pas à l'aspect « transparence émotionnelle »), aussi longtemps que durerait notre relation. Après avoir entendu chaque semaine son affirmation à ne pas vouloir s'engager dans une relation, nous passions ensuite à mon programme de transparence émotionnelle, axé principalement sur l'honnêteté dans la communication : « Il faut que nous parlions de quelque chose... »

Cependant, j'ai vite appris, à ma grande surprise, que même si j'étais certainement la plus intense et la plus sérieuse en apparence, j'avais trouvé à qui parler. Étant donné que Bruce avait un intellect fort développé et un grand cœur, il a fallu que j'apprenne à être plus expansive si je voulais le suivre. J'ai commencé à apprendre à exprimer l'amour. Et chose encore plus surprenante, j'ai appris beaucoup sur l'engagement sans jamais employer ce mot. En réalité, malgré ma passion pour le questionnement personnel, cette transparence émotionnelle m'a épuisée au début. Elle exigeait que je sois présente en tout temps, même quand je voulais m'évader et ne pas prêter attention pendant quelques instants. J'avais parfois la tentation de dire : « C'est vraiment trop difficile. »

Au lieu de ça, j'ai décidé de continuer et j'étais déterminée à apprécier nos bons moments ensemble. Bruce est attachant par son humour et sa gentillesse. Nous avons eu (et avons encore) de nombreux moments d'âneries, de gloussements et de rires. Une des voisines de Bruce a dit qu'elle aimait beaucoup venir voir ses chevaux brouter devant la maison de Bruce (La Honda est dans la campagne) parce qu'elle entendait nos éclats de rire et qu'ils la rendaient heureuse elle aussi.

Les rires ont commencé tôt, avant même que je fasse la paix avec le refus d'engagement de Bruce. Au cours d'un de nos premiers rendez-vous, Bruce a suggéré une partie de Scrabble. Ce qu'il allait apprendre, c'est que j'adorais ce jeu et que j'y jouais pour gagner, sans aucune pitié ! Quand je l'ai battu, il a été totalement sous le choc et très impressionné du fait que j'avais battu son formidable vocabulaire. Je lui ai dit que j'aurais dû suggérer une partie lors de notre première rencontre si j'avais su à quel point il serait impressionné par mon jeu.

En fait, la façon dont j'ai battu Bruce, ce n'est pas en dépassant son vocabulaire, mais en employant des mots de deux ou trois lettres mémorisés depuis longtemps. L'un de mes préférés est le mot *oe*, qui est le nom anglais d'un violent vent tourbillonnant dans les îles Féroé. Bruce a alors entrepris de jouer une scène comique de la partie que j'avais gagnée avec ces mots ridiculement courts. Il était si drôle que je me suis tordue de rire à m'en rouler par terre. Me battre à ce jeu est devenu un défi pour lui. Quand il a finalement réussi, je lui ai dit : « Que ça fait du bien ! »

Nous nous amusions beaucoup et nous communiquions aussi à un niveau très profond. Pour Bruce, la vie avait été sérieuse pendant trop longtemps quand il adoptait le scénario de bonheur éternel d'autrui. Et j'ai compris que je devais alléger et adoucir mon langage après une carrière où j'avais toujours fait face à la musique dans l'immédiat.

Nos amis ont peu à peu remarqué à quel point nous étions (et sommes encore) bien ensemble. Les amis de Bruce, qui étaient au courant de sa phobie de l'engagement, lui conseillaient de ne rien faire qui pourrait détruire notre relation. L'un d'eux lui a même dit de ne pas revenir chez lui à moins que je ne l'accompagne. Mes amis de longue date me disaient qu'ils n'avaient jamais vu un homme qui correspondait si bien à mon haut niveau d'énergie.

Même si Bruce avait besoin de réitérer son refus d'engagement dans une relation et même si j'avais eu besoin de mettre excessivement et trop rapidement l'accent sur la transparence émotionnelle (je ne voulais pas courir le risque de me retrouver coincée avec un autre homme qui ne voulait pas composer avec sa « merde », pour le dire de façon vulgaire), à un certain niveau, et à l'instar de nos amis, je crois que nous savions tous deux que nous avions déjà entrepris notre périple vers le bonheur éternel.

Scène 5 : La route cahoteuse vers le bonheur éternel

Le chemin de l'amour véritable
n'a jamais été un long fleuve tranquille.

— *Songe d'une nuit d'été*, de William Shakespeare

Margaret : Bien entendu, le chemin vers le bonheur éternel a connu ses tours et détours.
Les gens me demandent toujours si Bruce et moi nous nous disputons et je leur réponds qu'au début c'était le cas. Nous nous disputions comme le font bien des couples. Ensuite, je leur raconte l'histoire de notre déplacement en voiture avant le GPS.

Ce déplacement n'a pas été très long. Il s'agissait de deux heures de route pour aller rendre visite à des amis. Mais nous nous sommes perdus. Je n'arrêtais pas de dire que nous devions nous arrêter pour demander notre route à quelqu'un et Bruce n'arrêtait pas de tourner à droite et à gauche pour retrouver le chemin. Oui (soupir), je sais, réactions stéréotypées d'homme et de femme ! J'ai dit quelque chose du genre « Ce n'est pas ce que je ferais », mais Bruce était tellement en colère contre moi et contre lui qu'il est allé stationner la voiture dans un centre commercial et en est sorti en me disant : « Parfait, c'est toi qui conduis ! » Puis (en public), nous nous sommes hurlé à la tête l'un de l'autre, nous disant l'un l'autre quoi faire et où aller.

Après quelques secondes de confrontation déchaînée, nous avons arrêté. Nous nous sommes éloignés l'un de l'autre et nous avons respiré profondément en laissant sortir des sons comme « Ouf ! » et « Ouah ! ». Puis nous sommes remontés dans la voiture. Nous avons gardé le silence pendant un long moment et nous avons commencé à parler des incroyables fortes réactions que nous avions eues. Nous nous sentions mal tous les deux et nous ne voulions ni l'un ni l'autre de ce genre de communication. C'était le contraire absolu des bonnes vibrations de cœur que j'avais ressenties à l'hôtel Cathedral Hill. C'était un cas flagrant de mauvaises vibrations ! En fait, il a fallu presque une semaine (deux selon Bruce) pour que les mauvaises vibrations se dissipent. Pendant ce laps de temps, nous sommes tombés d'accord sur le fait que ce genre de circonstances ne se reproduirait jamais. Nous avions tous les deux déjà connu ce type de relations destructives et instables, et il était clair que nous ne voulions jamais plus répéter la chose.

À l'époque, cela a été un choc de constater que nous pouvions passer aussi rapidement à une colère si intense. Mais maintenant, avec le recul de nombreuses années de bonheur éternel, je pense qu'il est impossible d'avoir une relation vraiment intime avec quelqu'un sans que les côtés sombres ressortent, sans laisser sortir le genre de colère qui vous donne envie de faire un peu souffrir votre partenaire pour prouver votre point de vue, le genre de heurt qui fait que vous voulez rendre la pareille.

Après cette énorme dispute dans le terrain de stationnement, nous nous sommes demandé l'un l'autre si nous voulions avoir raison tout le temps ou bien avoir une relation. Nous avons opté pour la relation. Ensuite, consciemment et inconsciemment (nous avons toujours quatre cerveaux, n'est-ce pas ?!), nous avons décidé d'assumer le fait que nous étions des obsédés du contrôle et que nous devions trouver à tout prix les moyens de renoncer à notre besoin d'avoir tout le temps raison !

Tout d'abord, j'ai trouvé une technique me permettant de freiner ma tendance à m'exprimer de façon critique dans les moments d'émotion. Je pense que nous connaissons tous ce genre de comportement. Vous savez que ce que vous voulez dire tournera le couteau dans la plaie, donc vous vous jurez de ne pas le dire. Mais vous le laissez échapper quand même (cette programmation inconsciente caustique...) parce que vous savez que vous avez raison et que votre partenaire a tort. J'ai réussi à juguler ce comportement critique automatique en allant dans la salle de bain, en me regardant dans la glace et en ayant une conversation entre quatre yeux avec moi-même : «Margaret, veux-tu avoir raison ou être amoureuse?» Il m'a fallu m'exercer et répéter ce comportement à de multiples reprises, mais cela a fonctionné. Après les séances devant la glace, je revenais dans la pièce, l'énergie revenue dans le cœur. Et mes paroles étaient bienveillantes parce que j'avais choisi de faire basculer mon énergie vers l'amour inconditionnel.

Bruce et moi avons aussi mis une autre technique en pratique, qui nous a aidés à passer de la peine, de la colère ou de la peur à l'amour inconditionnel. Nous avons créé l'habitude de reprendre contact en nous touchant plutôt qu'en nous disputant pour savoir qui a raison ou pas. Reprendre contact, cela signifie que peu importe à quel point vous pensez que votre partenaire vous a blessé, peu importe à quel point vous voulez qu'il souffre un petit peu pour comprendre, vous restez assis sans parler ni vous disputer pour reprendre contact à un niveau plus profond que les paroles. Si vous laissez tomber les détails d'une confrontation et établissez un contact entre vous, vos cœurs respectifs s'ouvriront de nouveau et tout se résoudra vraiment rapidement. Par contre, vous devez vous assurer de vous toucher physiquement les genoux, les mains, les bras. Sans contact, vous finirez par bouillir intérieurement sur vos chaises!

Nous avons également pris l'habitude d'employer des paroles aimables pour reprendre contact au cours de la journée, même quand Bruce est en déplacement pour donner des conférences. Nous le faisons par le truchement de Skype. Nous nous répétons sans cesse « Je t'aime » lorsque nous nous croisons dans le couloir, quand l'un de nous part de la maison, etc. Nous choisissons délibérément des surnoms tendres un peu bébêtes (inventés par Bruce) comme « Goosie, Brucie ». Et nous veillons également à nous rassurer beaucoup par le contact physique : beaucoup d'accolades et de bisous qui ont donné naissance à un autre surnom débile, les « schmoochilinis » (« bisoulinis »).

Si vous pensez que cela dépasse les bornes, dites-vous que vous n'êtes pas le premier ou la première à le penser. Sally Thomas, qui travaille à mes côtés aux productions Mountain of Love, dit que lorsqu'elle nous a rencontrés pour la première fois, elle a pensé que les incessants « Je t'aime » faisaient un peu ringards. Puis, elle a commencé à les apprécier : « Peu importe le degré de stress, Bruce et Margaret adoptent toujours une communication ouverte, aimable et bienveillante. Ils ne ressassent pas les choses ni ne deviennent rancuniers. L'effet lune de miel ne s'est pas émoussé. » Puis Sally s'est mise à nous imiter : « Le plus drôle, c'est que cela a déteint sur moi. C'est une bonne technique quand la personne avec qui vous êtes vous rend dingue. Il vous suffit de vous rappeler alors que vous l'aimez à mort. »

En ce qui me concerne, je pense que le renforcement positif constant est une bonne chose. Le bonheur éternel entre nous n'est pas une chose que je tiens pour acquise. Comme c'est le cas pour Bruce, ma famille proche n'a pas été un modèle relationnel positif. Je suis partie de la maison à 16 ans, sachant que je pouvais mieux m'occuper de moi que mes parents ne le faisaient puisque c'était moi l'adulte à la maison. Je crois que notre comédie romantique aurait pu tourner à la tragédie si nous n'avions pas tous les deux été conscients de nos programmations négatives, si nous n'avions pas pris les mesures pour les déjouer et renforcer au quotidien notre amour grâce à des paroles et des actes bienveillants et reconnaissants.

En bout de compte, les bonnes vibrations ne suffisent pas à elles seules, ce qui ne surprendra aucun lecteur de cet ouvrage ! J'ai rencontré des gens convaincus d'être des âmes sœurs parce qu'ils étaient totalement en phase sur le plan énergétique. Pourtant, leur relation n'a pas fonctionné, du moins dans cette vie-ci. Avant de trouver le bonheur éternel, nous avons tous les deux dû affronter les fardeaux invisibles qui nous plombaient.

Scène finale : Le bonheur éternel

Ta beauté illumine ma vie.
Je suis tellement amoureux de toi ! Je comprends véritablement le sens du paradis, car c'est toi qui es venue parfaire cette compréhension.
Avec tout mon amour, ma chère Gooselini,
Brucie

— Lettre tirée des archives de lettres d'amour entre Margaret et Bruce

Bruce : Je vous avais confié que je n'apprenais pas vite, mais dans ce cas je ne me suis pas si mal défendu que ça !

Six mois après notre rencontre, alors que nous étions assis dans le salon, elle sur le canapé et moi par terre, adossé au canapé, je me suis surpris à rire, puis je me suis retenu. Margaret a insisté pour que je lui explique ce qui m'avait fait rire. J'ai fini par lui dire que j'avais failli lâcher un « Margaret, veux-tu m'épouser ? » À la suite de cette annonce spontanée qui faisait suite à dix-sept ans de

«Je ne me remarierai jamais», Margaret a réagi en disant : «Ouais, c'est ça!» En fait, c'est ce qu'elle m'a répondu toute la semaine durant laquelle j'ai essayé de la convaincre que j'étais sérieux!

J'avais enfin compris que Margaret était la femme avec qui je voulais être. J'avais enfin compris que je vivais déjà le genre de relation à laquelle j'aspirais. Nous partagions tout, ce qui incluait et inclut encore le bacon. S'il y en a quatre tranches, il y en a deux pour elle! Nous nous amusions comme des fous et nous étions aussi proches l'un de l'autre qu'il est possible de l'être.

Même si cela a été un événement marquant, le renoncement à mon mantra de rasage du matin devant la glace, à savoir : «Je ne me remarierai jamais», s'est fait progressivement et naturellement sans que j'aie beaucoup à y penser. Le point tournant a été le moment où j'ai réalisé que je pouvais mettre ma vie entre les mains de Margaret. Je savais au plus profond de mon cœur que si j'avais besoin que quelqu'un prenne une décision à ma place au cas où je ne serais pas apte à le faire moi-même, elle serait l'unique personne à qui je confierais la décision à prendre. De toute mon existence sur terre, je n'avais jamais ressenti que je pouvais confier ma vie à quelqu'un en cas de nécessité. En prenant conscience de cela, j'en suis resté abasourdi. J'en étais venu à lui faire confiance à ce point!

Lorsque j'ai fini par convaincre Margaret que j'étais sérieux au sujet de ma grande confiance en elle (et sérieux aussi concernant le fait que je ne voulais plus répéter mon mantra), nous avons décidé de nous engager dans l'expérience du bonheur éternel. Cette expérience-défi consistait à poursuivre ce que nous faisions déjà sans objectif final. Nous nous sommes engagés à poursuivre l'expérience du bonheur éternel dans une attitude zen, dans l'ici-maintenant, sans objectifs à long terme. Dix-sept années plus tard (et ce n'est pas fini !), notre expérience de bonheur éternel dans l'instant présent se poursuit toujours aussi intensément.

Comme Margaret, je ne pense pas que notre expérience relationnelle était automatiquement vouée au succès. Nous avions très bien commencé, mais si nous n'avions pas apporté des rectifications chemin faisant, si nous n'avions pas su composer avec les comportements inconscients latents, je ne pense pas que nous aurions réussi.

Margaret a déjà décrit plus haut certaines des habitudes de communication bienveillante que nous avons bien pris le temps d'ancrer dans nos inconscients. Je pense que les fins de semaine « lune de miel » que nous nous sommes réservées ont également été cruciales. Nous consacrions trois jours (qui sont bientôt devenus quatre dès que nos emplois du temps nous l'ont permis) à pantoufler ensemble dans notre refuge montagnard en forêt, laissant derrière nous le « vrai » monde. Même si nous sommes aujourd'hui plus affairés et que nous ne pouvons pas toujours nous offrir ce genre d'escapades, nous gardons toujours à l'esprit cet amour et cette joie que nous avons connus pendant ces fins de semaine au début de notre relation et que nous connaissons encore.

Parfois, je dois l'admettre, je ne peux m'empêcher de souhaiter avoir pu connaître un tel amour et une telle joie quand nous étions jeunes. Un jour, j'ai dit à Margaret que si nous nous étions rencontrés au lycée, nous aurions été des amoureux de lycée. Cela l'a touchée. Mais après y avoir repensé, nous avons conclu que la relation n'aurait pas fonctionné. Si nous nous étions rencontrés au lycée, cette sortie en voiture sans GPS et la dispute se seraient sans doute répétées. Nous avions tous deux beaucoup à apprendre (en fait beaucoup de déprogrammation à faire) avant de pouvoir mettre fin à notre oscillation de codépendance et de devenir des gaz nobles !

Ainsi que la vie me l'a sans cesse rappelé, vous n'êtes pas prêt pour le grand amour, à moins d'être en pleine possession de vos moyens. Sans cela, vous n'êtes prêt que pour une de ces relations de codépendance où vous avez désespérément besoin d'un conjoint. (Rappelez-vous cette femme dans les Caraïbes qui m'avait dit, à juste titre, que j'étais trop dans le besoin affectif.) Quand vous apprenez à tourner de façon harmonieuse comme un gaz noble, l'amour avec un grand A devient possible. En ce qui me concerne, j'ai connu 40 ans d'anxiété. Par contre, je dois dire que maintenant que je suis rendu où je suis, ces 40 années ne comptent pas. Pour me rendre où je suis actuellement, le jeu en valait la chandelle !

J'espère qu'en lisant ce livre, vous raccourcirez ce temps d'apprentissage. Il n'y a aucune raison pour que vous appreniez aussi lentement que moi. Maintenant que vous savez ce qu'est la programmation inconsciente et comment celle-ci peut saper votre vie et vos relations, j'ose espérer que vous passerez à l'action pour la déjouer, pour assumer la responsabilité des relations que vous créez dans votre vie et pour laisser tomber les relations de codépendance. Ne vous gênez pas pour continuer de regarder toutes les comédies romantiques que vous voulez, si vous aimez ça, mais dites-vous qu'il y a une grande différence entre regarder le scénario de quelqu'un d'autre, assis dans un fauteuil, et écrire le vôtre. Créez votre propre comédie romantique qui met en vedette la personne que vous désirez être et celle que vous souhaitez attirer à vous.

Quand vous écrivez votre propre scénario de bonheur éternel, fini d'être victime, fini de raconter des histoires où vous dites : « Elle m'a causé du tort. » Et, de grâce, n'entretenez pas de culpabilité au sujet de vos anciennes relations ! Comment auriez-vous pu savoir que des programmes invisibles, qui n'avaient rien à voir avec vous, sapaient vos relations ?

Allez de l'avant et saisissez chaque instant de chaque jour. Que hier soit chose du passé! Et surtout, pas d'excuses! Si Margaret et moi, qui venons tous deux de Dysfonction City, pouvons y arriver, vous le pouvez aussi. Bien entendu, si vous êtes un de ces couples qui a eu la chance de se rencontrer à l'école primaire, que vous êtes tous les deux tombés amoureux au lycée et que vous allez superbement bien en tant qu'adultes, *mazel tov* [« félicitations »] ! Vous n'avez besoin ni d'excuses ni d'inspiration, du moins dans le domaine relationnel. Vos quatre cerveaux sont déjà en harmonie.

Même si j'espère pouvoir vous insuffler une certaine inspiration, Margaret et moi ne pouvons pas vous fournir LA recette à appliquer pour trouver le bonheur éternel. Il n'existe pas de recette universelle pour cela. Margaret et moi, comme vous le savez maintenant, avions pris deux chemins complètement différents pour arriver au point où nous étions et créer notre bonheur éternel. Par conséquent, même si je ne peux vous donner la recette miracle, je peux vous proposer des ressources et des outils, ainsi qu'une Liste de vérification de l'effet lune de miel bien pratique dans l'annexe qui suit cet épilogue.

Je ne peux pas non plus vous promettre la perfection. Bonheur éternel ne veut pas dire que je suis parfait ou que tout est parfait dans ma vie. Cela signifie que je me suis réinventé et que j'ai réinventé ma vie. Je vis toujours dans le même monde, mais ce n'est pas celui où j'avais l'habitude de vivre. Les choses (les toits qui coulent, les contraventions et la date limite de remise de ce livre) qui me mettaient sens dessus dessous ne le font plus, pas plus qu'elles ne dérangent notre relation. Margaret et moi ne perdons jamais l'amour de vue, peu importe tout ce qui peut se passer dans nos vies respectives. Peu importe ce qui arrive, tout est bien comme ça.

Je peux par contre vous offrir l'espoir d'un monde meilleur.

Lorsque vous créez une relation fondée sur le bonheur éternel, vous attirez à vous des personnes au fonctionnement semblable au vôtre. Celles-ci créent une zone tampon entre vous et le reste du monde avec qui vous étiez dans les tranchées avant. Vous créez votre propre bulle remplie de la lumière propre aux gaz nobles « éclairés », « illuminés », dont il a été question au chapitre 5. Ce sont des gens qui savent qu'il y a une autre façon de vivre.

Je crois que si nos vies n'avaient pas été déformées par la programmation, la planète entière se trouverait dans cette bulle et brillerait comme un laser parce qu'elle serait emplie d'amour. Albert Einstein a dit un jour : « Il y a deux façons de vivre. Une comme si rien n'est un miracle. L'autre, comme si tout est un miracle. » Créez votre propre lumière et partagez-la avec votre conjoint et avec les autres afin que cette planète s'illumine de gaz nobles qui créeront chaque jour le paradis sur terre. Comme mon héros Einstein, les gaz nobles savent que nous pouvons vivre notre vie comme les miracles que nous sommes.

ANNEXE A

Liste de vérification de l'effet lune de miel

1. Le conscient : assurez-vous d'être conscient de ce que vous demandez...
2. L'inconscient : prenez conscience des programmes inconscients dont vous avez hérité avant de pouvoir penser consciemment à eux.
3. Servez-vous des outils pour reprogrammer votre inconscient, y compris la psychologie énergétique (alias le superapprentissage), l'hypnose, les cassettes subliminales et la présence à ce qui est (vivre dans le moment présent).
4. Chaque jour, posez de façon aléatoire des gestes de bienveillance et prononcez des paroles tendres adaptées à chaque relation.
5. Quand vous vous querellez ou que vous voulez ramener l'effet lune de miel entre vous, ouvrez votre cœur à votre partenaire en mettant de côté les échanges verbaux au profit du silence et du contact physique.
6. Transformez en premier lieu votre propre vie afin d'attirer à vous un partenaire qui soit un gaz noble excité.

ANNEXE B

Comédies pour thérapie cinématographique

Le fabuleux destin d'Amélie Poulain
Pour le meilleur et pour le pire
Le spectre du passé
Le journal de Bridget Jones
Continental Divide
Rendez-vous au paradis
Un jour, peut-être
Doc Hollywood
L'éducation de Rita
Un jour sans fin
Haute fidélité (au Québec)
Milliardaire malgré lui

Jerry Maguire

Réellement l'amour (au Québec)

Éclair de lune

Mariage à la grecque

New in Town

Nuits blanches à Seattle
(*La magie du destin*, au Québec)

Splash

40 ans, toujours puceau

Le Président et Miss Wade

Adieu, je reste

Today's Special

Quand Harry rencontre Sally

RESSOURCES

Le fait de croire change les modalités qui permettent d'évaluer votre inconscient et de le reprogrammer.

Alchemical Healing (www.shamanicjourneys.com)

Combine les méthodes novatrices propres au chamanisme et aux soins énergétiques en fonction des principes de l'alchimie dans le cadre de guérisons physiques, de soins thérapeutiques et de la croissance spirituelle.

Alchemy Techniques (www.alchemytechniques.com)

Un ensemble de techniques qui permettent d'intégrer tous les aspects du soi dans la couche la plus profonde du centre du cœur.

Body Code System of Natural Healing (www.drbradleynelson.com)

Les *Body Code System for Ultimate Energy Healing* et *Body Balancing* sont des techniques qui permettent de trouver et corriger les déséquilibres sous-jacents qui empêchent la santé et le bonheur.

Body Talk System (www.bodytalksystem.com)

Conçu pour remettre en synchronie les systèmes énergétiques du corps afin qu'ils puissent fonctionner comme la nature le veut.

Consciousness 2.0 (consciousness2-0.com)

Un programme à usage autonome qui permet de déjouer les programmes destructifs en « désinstallant » la peur, le jugement, les limites, la lutte intérieure et la souffrance, et en « installant » le niveau le plus élevé de conscience qui soit.

Core Health (www.corehealth.us)

Core Health's DTQ (Deeply, Thoroughly, Quickly, ou Profondément, Radicalement et Rapidement) est un processus qui permet de réactiver en permanence le fond sain inné propre à chacun.

EMDR (www.emdr.com)

(*Eye Movement Desensitization and Reprocessing,* ou Intégration neuro-émotionnelle par les mouvements oculaires) est une psychothérapie qui permet aux gens de se défaire plus rapidement que par la thérapie traditionnelle des symptômes et de la détresse émotionnelle résultant d'expériences traumatisantes.

Healing Codes (The) (www.thehealingcode.com/home.php)

Conçus pour débarrasser le corps du stress et, par conséquent, pour permettre au système neuro-immunitaire de guérir tout ce qui ne va pas dans le corps.

Hendricks Institute (The) (www.hendricks.com)

Centre international d'apprentissage très connu qui enseigne des aptitudes fondamentales pour vivre consciemment et aimer consciemment. C'est aussi un centre qui est engagé à créer une communauté globale de gens qui veulent explorer les dimensions supérieures de l'amour, de la créativité et du bien-être.

Holographic Repatterning (www.repatterning.org)

Le *Resonance Repatterning* est un système qui permet de cerner et d'éliminer les schèmes énergétiques sous-jacents à tout problème ou à toute souffrance.

Holosync (www.centerpointe.com)

Ce système est une forme de technologie neuro-auditive qui crée un équilibre entre les deux hémisphères cérébraux afin d'améliorer la santé mentale, la santé émotionnelle et le fonctionnement mental.

Inner Resonance Technologies (www.innerresonance.com)

Cette technique comporte sept étapes conçues pour permettre au système automatique inné de toute personne de se rééquilibrer et de s'harmoniser, tant sur les plans physique, émotionnel, mental que sur le plan spirituel.

Instant Emotional Healing* *(www.instantemotionalhealing.com)

Instant Emotional Healing : Acupressure for the Emotions, de Peter T. Lambrou et George J. Pratt, un livre qui explique les fondements de la psychologie énergétique.

Journey (The) (www.thejourney.com)

Une technique conçue pour donner accès à la sagesse innée de guérison du corps au niveau le plus profond, la « source », ou l'âme.

LifeFlow Meditation (www.project-meditation.org)

Émanant de la recherche sur la rétroaction biologique, cette technique amène la personne dans un état d'ondes cérébrales qui améliore bonheur, bien-être et capacités d'apprentissage.

Matrix Reimprinting with the Help of EFT* *(www.eftfree.net* et *www.matrixreimprinting.com)

Réencodage de la matrice avec l'aide de l'EFT (*Emotional Freedom Technique,* ou Technique de libération émotionnelle)

Fondés sur de récentes découvertes concernant les énergies subtiles du corps, le Réencodage de la matrice et l'EFT sont utilisés pour transformer thérapeutiquement et dans le champ morphique les problèmes liés à la santé, aux émotions et au potentiel.

NetMindBody (www.netmindbody.com)

Une technique psychocorporelle de réduction du stress axée sur la localisation et l'élimination des déséquilibres neurologiques pour résoudre les problèmes psychocorporels non résolus.

Neurolink's Neurological Integration System (www.neurolinkglobal.com)

Les protocoles de ce système activent la capacité du cerveau à redonner au corps et à tous ses systèmes leur plein potentiel.

PSYCH-K (www.psych-k.com)

Cette technique est un ensemble de principes et de processus qui permettent de modifier les croyances inconscientes limitant l'expression du plein potentiel d'un être divin qui fait l'expérience d'une vie humaine.

Rapid Eye Technology (www.rapideyetechnology.com)

Cette méthode permet d'éliminer le stress et les traumatismes (sans faire revivre le traumatisme) en simulant le sommeil avec des MOR (mouvements oculaires rapides), le système naturel du relâchement.

Reconnective Healing (www.thereconnection.com/about)

Une méthode qui se sert des fréquences vibratoires pour guérir le corps, le mental et l'esprit.

RIM Method (The) (www.riminstitute.com)

Cette méthode permet de reconstruire des images affirmatives dans la mémoire cellulaire pour induire des changements dans l'inconscient qui permettent l'accélération de la guérison émotionnelle et physique, ainsi qu'une plus grande réussite dans la vie.

Rosen Method (www.rosenmethod.org)

Cette technique comporte un toucher direct et délicat, avec des mains qui écoutent plutôt qu'elles ne manipulent, ce qui permet d'apaiser la tension musculaire chronique.

Sedona Method (The) (www.sedona.com)

Une technique qui enseigne aux gens à se brancher sur leur capacité naturelle à se débarrasser des émotions, des croyances et des pensées non désirées qui tournent autour de la souffrance.

Silva UltraMind ESP System (www.silvaultramindsystems.com)

Un système qui permet de déverrouiller les forces incroyables de l'esprit des gens afin qu'ils puissent se reconnecter à une plus grande force qui les guidera pour mener une vie plus heureuse et plus réussie.

Three in One Concepts (www.3in1concepts.us)

Fondée sur la recherche et le développement dans le domaine de la kinésiologie appliquée, cette technique aide les gens qui veulent prendre en main la création de leur propre bien-être en harmonisant le corps, la psyché et l'esprit.

WOW Process (The) (www.thewowprocess.com)

Une technique qui sert à se libérer du stress et de la souffrance sur les plans physique, émotionnel, mental ou spirituel.

NOTES

Chapitre 1 : Notre propension à nous lier aux autres

1. Bruce H. Lipton et Steve Bhaerman, *Évolution spontanée,* Montréal, Éditions Ariane, 2010.
2. Lewis Thomas, *The Lives of a Cell : Notes of a Biology Watcher,* Viking, New York, 1974, p. 11-12.
3. Robert Sapolsky, « The Uniqueness of Humans », sujet de cours à l'Université Stanford, 13 juin 2009, www.youtube.com/watch?v=hrCVu25wQ5s.
4. Laura S. Scott, *Two is Enough : A Couple's Guide to Living Childless by Choice,* Seal Press, Berkeley (Californie), 2009, p. 1.

1. *Ibid.*, p. 23-24.
2. *Ibid.*, p. 77.
3. Nathan W. Bailey et Marlene Zuk, « Same-Sex Behavior and Evolution », *Trends in Ecology and Evolution,* vol. 24, n° 8, 10 juin 2009, p. 439-446.
4. Bruce Bagemihl, *Biological Exuberance : Animal Homosexuality and Natural Diversity,* Martin's Press, New York, 1999, p. 554.

Chapitre 2 : De bonnes vibrations

1. Vladilen S. Letokhov, « Detecting Individual Atoms and Molecules with Lasers », *Scientific American*, vol. 259, nº 3, septembre 1988, p. 44-49.

2. Mark Hallett, « Transcranial Magnetic Stimulation and the Human Brain », *Nature*, vol. 406, nº 6792, juillet 2000, p. 147-150.

3. Allan W. Snyder, *et al.*, « Savant-like Skills Exposed in Normal People by Suppressing the Left Fronto-temporal Lobe », *Journal of Integrative Neuroscience*, vol. 2, nº 2, décembre 2003, p. 149-158.

4. R. E. Hoffman, *et al.*, « Transcranial Magnetic Stimulation and Auditory Hallucinations in Schizophrenia », *The Lancet*, vol. 355, nº 9209, 25 mars 2000, p. 1073-1075.

5. Women & Infants Hospital, « Efficacy of Transcranial Magnetic Stimulation for Depression Confirmed in New Study », *Science Daily*, 26 juillet 2012, www.sciencedaily.com/releases/2012/07/120726180305.htm.

6. L. M. Duan, « Quantum Correlation Between Distant Diamonds », *Science*, vol. 334, nº 6060, 2 décembre 2011, p. 1213-1214.

7. Amit Goswami, « Quantum Physics, Consciousness, Creativity, and Healing » (partie 1 de 3), Institut des sciences noétiques, conférences audio (2006), 39 minutes 58 secondes, www.noetic.org/library/audio-lectures/quantum-physics-consciousness-creativity-and/.

8. J. Grinberg-Zylberbaum, *et al.*, « The Einstein-Podolsky-Rosen Paradox in the Brain : the Transferred Potential », *Physics Essays*, vol. 7, nº 4, décembre 1994, p. 422-428.

9. Marilyn Schlitz, *et al.*, « Of Two Minds : Skeptic-Proponent Collaboration within Parapsychology », *British Journal of Psychology*, vol. 97, 2006, p. 313-322.

10. Richard Conn Henry, « The Mental Universe », *Nature*, vol. 436, nº 7047, 7 juillet 2005, p. 29.

11. David P. Barash et Judith Eve Lipton, *The Myth of Monogamy*, W. H. Freeman, New York, 2001, p. 10.

12. Mary Karmelek, « Was This Gazelle's Death an Accident or a Suicide ? », *Scientific American*, 24 mai 2011, http ://blogs.scientificamerican.com/anecdotes-from-the-archive/2011/05/24/was-this-gazelles-death-an-accident-or-a-suicide.

Chapitre 3 : Les philtres d'amour

1. a) Harry E. Wedeck, *A Dictionary of Aphrodisiacs*, M. Evans & Company Inc., New York, 1992; Bruce Lipton, « A Fine-Structural Analysis of Normal and Modulated Cells in Myogenic Culture », *Developmental Biology*, vol. 60, 1977, p. 26-47.
   b) « Collagen Synthesis by Normal and Bromodeoxyuridine-treated Cells in Myogenic Culture », *Developmental Biology*, vol. 61, 1977, p. 153-165.
2. Lyle H. Miller et Alma Dell Smith, *The Stress Solution*, Livre de poche, New York, 1995, p. 12.
3. D. Marazziti et D. Canale, « Hormonal Changes when Falling in Love », *Psychoneuroendocrinology*, vol. 29, nº 7, août 2004, p. 931-936.
4. T. J. Loving, E. E. Crockett et A. A. Paxson, « Passionate Love and Relationship Thinkers : Experimental Evidence for Acute Cortisol Elevations in Women », *Psychoneuroendocrinology*, vol. 34, nº 6, juillet 2009, p. 939-946.
5. Theresa L. Crenshaw, *The Alchemy of Love and Lust : How Our Sex Hormones Influences Our Relationships*, Livre de poche, New York, 1996, p. 5-6.
6. *Ibid.*, p. 148.
7. *Ibid.*, p. 124.
8. Liza O'Donnell, *et al.*, « Estrogen and Spermatogenesis », *Endocrine Reviews*, vol. 22, nº 3, 1er juin 2001, p. 239-318.
9. Carl Clayton Holloway et David F. Clayton, « Estrogen Synthesis in the Male Brain Triggers Development of the Avian Song Control Pathway in Vitro », *Nature Neuroscience*, vol. 4, nº 2, février 2001, p. 170-175.
10. David J. Linden, *Tous addicts ! Mécanismes du plaisir et de la dépendance*, Éditions de la Martinière, 2013.
11. Andrés Vidal-Gadea, *et al.*, « Caenorhabditis Elegans Selects Distinct Crawling and Swimming Gaits via Dopamine and Serotonin », *PNAS*, vol. 108, nº 42, 18 octobre 2011, p. 17504-17509.
12. Linden, *op. cit.*
13. *Ibid.*
14. Andreas Bartels et Semir Zeki, « The Neural Basis of Romantic Love », *NeuroReport*, vol. 11, nº 17, 27 novembre 2000, p. 3829-3834.

15. Blanca P. Acevedo, *et al.*, « Neural Correlates of Long-term, Intense Romantic Love », *Social Cognitive and Affective Neuroscience*, vol. 7, n° 2, 2 février 2012, p. 145-159.

16. Lowell L. Getz et C. Sue Carter, « Prairie-Vole Partnerships », *American Scientist*, vol. 84, n° 1, janvier-février 1996, p. 56-62.

17. Larry J. Young, Anne Z. Murphy Young et Elizabeth A. D. Hammock, « Anatomy and Neurochemistry of the Pair Bond », *The Journal of Comparative Neurology*, vol. 493, n° 1, 5 décembre 2005, p. 51-57.

18. John M. Stribley et C. Sue Carter, « Developmental Exposure to Vasopressin Increases Aggression in Adult Prairie Voles », *PNAS*, vol. 96, n° 22, 26 octobre 1999, p. 12601-12604.

19. Thomas R. Insel, Zuo-Xin Wang et Craig F. Ferris, « Patterns of Brain Vasopressin Receptor Distribution Associated with Social Organization in Microtine Rodents », *The Journal of Neuroscience*, vol. 14, n° 9, 1er septembre 1994, p. 5381-5392.

20. L. J. Young, D. Toloczko et T. R. Insel, « Localization of Vasopressin (V1a) Receptor Binding and mRNA in the Rhesus Monkey Brain », *Journal of Neuroendocrinology*, vol. 11, 1999, p. 291-297.

21. Miranda M. Lim, *et al.*, « Enhanced Partner Preference in a Promiscuous Species by Manipulating the Expression of a Single Gene », *Nature*, vol. 429, 17 juin 2004, p. 754-757.

22. Yan Liu, J. Thomas Curtis et Zuo-Xin Wang, « Vasopressin in the Lateral Septum Regulates Pair Bond Formation in Male Prairie Voles (*Microtus ochrogaster*) », *Behavorial Neuroscience*, vol. 115, n° 4, 2001, p. 910-919.

23. Thomas Insel et Terrence J. Hulihan, « A Gender-Specific Mechanism for Pair Bonding : Oxytocin and Partner Preference Formation in Monogamous Voles », *Behavorial Neuroscience*, vol. 109, n° 4, août 1995, p. 782-789.

24. Beate Ditzen, *et al.*, « Intranasal Oxytocin Increases Positive Communication and Reduces Cortisol Levels During Couple Conflict », *Biological Psychiatry*, vol. 65, n° 9, 1er mai 2009, p. 910-919.

25. Michael Kosfield, *et al.*, « Oxytocin Increases Trust in Humans », *Nature*, vol. 435, 2 juin 2005, p. 673-676.

26. Peter Kirsch, *et al.*, « Oxytocin Modulates Neural Circuitry for Social Cognition and Fear in Humans », *The Journal of Neuroscience*, vol. 25, n° 49, 7 décembre 2005, p. 11489-11493.

27. D. Marazziti, *et al.*, « Alteration of the Platelet Serotonin Transporter in Romantic Love », *Psychological Medicine*, vol. 29, 1999, p. 741-745.

28. Helen Fisher, *Pourquoi nous aimons*, Robert Laffont, Paris, 2006.

29. Carolyn H. Declerck, Christophe Boone et Toko Kiyonari, « Oxytocin and Cooperation under Uncertainty : The Modulating Role of Incentives and Social Information », *Hormones and Behavior*, vol. 57, n° 3, mars 2010, p. 368-374.

30. Carsten K. W. De Dreu, *et al.*, « Oxytocin Promotes Human Ethnocentrism », *PNAS*, vol. 108, n° 4, 25 janvier 2011, p. 1262-1266.

31. Robert M. Sapolsky, « Peace, Love and Oxytocin », *The Los Angeles Times*, 4 décembre 2011.

Chapitre 4 : Quatre cerveaux qui ne sont pas sur la même longueur d'onde

1. Marianne Szegedy-Maszak, « Mysteries of the Mind : Your Unconscious is Making Your Everyday Decisions », *U.S News & World Report*, 8 février 2005.

2. Tor Nørretranders, *The User Illusion : Cutting Consciousness Down to Size*, Penguin, New York, 1998, p. 124-125.

3. David Chamberlain, *The Mind of Your Newborn Baby*, North Atlantic Books, Berkeley (Californie), 1998, xiii.

4. Thomas R. Verny et Pamela Weintraub, *Tomorrow's Baby : The Art and Science of Parenting from Conception through Infancy*, Simon & Schuster, New York, 2002, p. 29.

5. Annie Murphy Paul, « Fetal Origines : How the First Nine Months Shape the Rest of Your Life », *Time*, 22 septembre 2010.

6. a) R. Laibow, « Medical Applications of NeuroBioFeedback », dans *Textbook of NeuroBioFeedback*, J. R. Evans et A. Abarbanel (éditeurs), les Presses académiques, Burlington (Massachusetts), 1999, p. 83-102.
b) R. Laibow, communication personnelle à B. H. Lipton, New Jersey, 2002.

7. « Like Mother, Like Son », *Science*, vol. 292, 13 avril 2001, p. 205.

8. Suze Orman, *Les 9 étapes vers l'autonomie financière*, AdA, 2003.

9. *Ibid.*, p. 3.

10. Val Kinjerski, *Rethinking Your Work : Getting to the Heart of What Matters*, Kalzen Publishing, Chesapeake (Virginie), 2009, p. 177.

11. Matthew A. Killingsworth et Daniel T. Gilbert, « A Wandering Mind is an Unhappy Mind », *Science*, vol. 330, nº 6006, 12 novembre 2010, p. 932.

12. Bill Hendrick, « Wandering Mind May Lead to Unhappiness : Researchers Say People Are More Happy Having Sex, Exercising, Socializing, Mainly Because Such Activities Help Keep the Mind from Wandering », WebMD (médecin sur Internet), www.webmd.com/balance/news/20101109/wandering-mind-may-lead-to-unhappiness(11 novembre 2010).

13. Jim Lagopoulos, *et al.*, « Increased Theta and Alpha EEG Activity During Nondirective Meditation », *The Journal of Alternative and Complementary Medicine*, vol. 15, nº 110, novembre 2009, p. 1187-1192.

14. Jeffrey L. Fannin et Robert M. Williams, « Leading Edge Neuroscience Reveals Significant Correlations Between Beliefs, the Whole-Brain State, and Psychotherapy », *CQ : The CAPA Quarterly*, août 2012, p. 14-32.

15. Jeffrey L. Fannin et Robert M. Williams, « Neuroscience Reveals the Whole-Brain State and its Applications for International Business and Sustainable Success », *Internation Journal of Management and Business*, vol. 3, nº 1, août 2012.

Chapitre 5 : Gaz nobles : propagation de la paix, de l'amour et du thé Tulsi

1. James Lovelock, *The Vanishing Face of Gaia : A final Warning*, Basic Books, New York, 2010, p. 196.

2. James Lovelock, Prix japonais de la paix Goi 2000, « Dialogue Session : Dr James Lovelock Meets Young People », www.goipeace.or.jp/english/activities/award/award2-1.html.

3. Alex Renton, « India's Hidden Climate Change Catastrophe », *The Independant*, 6 août 2012.

4. Sue Gerhardt, *Why Love Matters : How Affection Shapes a Baby's Brain*, Brunner Routledge, New York, 2004, p. 2.

5. James W. Prescott, « Body Pleasure and the Origins of Violence »,*The Bulletin of the Atomic Scientists*, novembre 1975, p. 10-20.

REMERCIEMENTS

Le chemin qui m'a amené à comprendre ce qu'était le bonheur éternel et qui m'a appris à le vivre est comparable à des montagnes russes : des sommets extrêmes et des abysses dégrisants. Sur mon chemin, j'ai acquis des connaissances auprès d'un grand nombre de « maîtres » avec qui j'ai vécu des expériences physiques, émotionnelles et spirituelles. Nombre d'entre eux étaient bien disposés et, franchement, certains ne l'étaient pas. Pourtant, chacun à sa façon a contribué à la grande synthèse qu'est cette connaissance transformatrice.

En premier lieu, je voudrais rendre les honneurs à quelques très importants « maîtres » dont la sagesse m'a permis d'avoir accès aux secrets fondamentaux de la vie. C'est avec une grande gratitude et une profonde appréciation que je remercie les cellules souches de ma recherche ainsi que les 50 trillions de cellules qui constituent la communauté que j'en suis venu à appeler Bruce. L'avenir de la civilisation humaine est vraiment inscrit dans la sagesse des cellules.

Dès que j'ai entrepris de cheminer sur la voie du paradis sur terre, je me suis retrouvé entouré d'anges, ces êtres célestes dont toutes les religions parlent. Le terme « ange » vient du grec *angelos,* qui signifie « messager ». Chaque ange dans ma vie m'a enseigné un aspect de l'amour universel, qui pour bien des gens est Dieu.

Un ange de lumière qui a contribué de manière significative à ce livre et à sa présentation est Patricia A. King. Patricia travaille à son compte dans le quartier Bay Area de San Francisco et a assumé pendant dix ans la direction du magazine *Newsweek* à San Francisco, où elle était anciennement une journaliste. Son travail actuel porte surtout sur des livres, des journaux et des articles de magazine axés sur des questions de santé, en particulier sur la médecine psychocorporelle et sur le rôle joué par le stress dans les maladies. Originaire de Boston, Patricia vit actuellement à Marin County (Californie).

Ainsi que notre collaboration précédente me l'a appris, qui s'est traduite par la publication du livre à succès *Biologie des croyances,* Patricia est une collègue fort aimable et une remarquable éditrice. Comme nombre de personnes pourront l'attester, je suis un homme qui se sert de plusieurs millions de mots. Et Patricia, cet ange, les a réduits à 40000 mots lisibles, informatifs et souvent humoristiques pour les besoins de ce livre.

Un autre ange a contribué avec une grande perspicacité artistique à cet ouvrage. Il s'agit de mon fils « spirituel », Bob Mueller. C'est lui qui a merveilleusement conçu le dessin visionnaire qui agrémente la couverture. Comme cela a été le cas pour *Biologie des croyances* et *Évolution spontanée,* il a suffi que je résume l'histoire du présent livre pour que Bob concocte une image visuellement fabuleuse qui en capture l'essence profonde. Je te remercie, cher Bob. Cela fait trois chefs-d'œuvre pour trois couvertures ! Bob est le cofondateur et le directeur artistique de Lightspeed Design à Bellevue (Washington). Sa compagnie et lui-même ont mis au point une technologie 3D qui a remporté un prix, ainsi que des spectacles sons et lumières pour de grandes entreprises, des musées de science et des planétariums partout sur la planète. Vous aurez un aperçu du travail artistique et créatif de Bob en allant sur www.lightspeeddesign.com.

Je veux également exprimer ma grande appréciation à l'équipe d'anges bienveillants qui se sont regroupés pour réviser le manuscrit, critiquer le travail et émettre d'inestimables conseils qui ont servi à peaufiner le texte. Tout mon amour à chacun des chers amis de confiance suivants qui ont joué un rôle significatif et vital pour que ce livre se retrouve entre vos mains. En ordre aléatoire, je remercie donc : Shelly Keller, Diana Sutter, Susan Mayginnes, Curt Rexroth, Terry et Christine Bugno, Theresa et Vaughan Wiles, Robert et Susan Mueller, Joan Borysenko et Gordon Dveirin, Patricia Gift, Ned Leavitt, Barry et Karen Rushton, Sherry Burton, Reinhard et Michaela Fuchs, ainsi que Bhavani et Bharat Mitra Lev. Je remercie plus particulièrement Sally Thomas qui, en plus d'être une fervente lectrice, est notre amie et une bienveillante collègue.

Je suis à tout jamais reconnaissant à ma famille pour tout l'amour et le soutien qu'elle m'a procurés, famille qui est restée à mes côtés peu importe la bizarrerie des choses. Je reconnais et j'apprécie l'amour que me portent ma sœur, Marsha, et mon frère, David, qui ont tous deux partagé les joies et les souffrances ayant marqué notre venue dans la vie. Je remercie la vie d'avoir concrétisé le paradis sur terre pour ma fille Tanya, l'amour de sa vie, Jean-Brice, et mes petits-enfants Jean-Gabrielle et Lily-Anabelle, ainsi que pour mon autre fille, Jennifer, son conjoint Stef et mon petit-fils, Miles.

Et je gardais le meilleur pour la fin. Le message de cet ouvrage et tout ce paradis sur terre n'auraient aucun sens pour moi sans l'amour qui existe entre moi et mon plus grand maître et ma plus grande amie, Margaret Horton. Margaret est mon ange d'amour et de lumière, mon inspiration et ma guide dans ce périple fabuleux d'éveil. L'amour que nous avons l'un pour l'autre est une bénédiction de l'univers.

À PROPOS DE L'AUTEUR

Bruce H. Lipton est un pionnier dans le domaine de la biologie cellulaire, un chef de file mondialement reconnu qui a su jeter un pont entre la science et la spiritualité. Biologiste cellulaire de formation, il a enseigné à l'École de médecine de l'Université du Wisconsin et a ultérieurement effectué des recherches novatrices sur les cellules souches à l'Université Stanford. Il est l'auteur du livre à succès *Biologie des croyances* et du récent ouvrage *Évolution spontanée* [Éditions Ariane], rédigé en collaboration avec Steve Bhaerman. En 2009, Bruce a reçu le prestigieux prix japonais Goi Peace Award pour sa contribution scientifique à l'harmonie mondiale. Plus récemment, en 2012, il a tenu le rôle d'ambassadeur du projet « Thousand Peace Flags » de l'organisme argentin Mil Milenios de Paz.

Récentes parutions aux Éditions Ariane

Auteurs	Titres
Dawn Baumann Brunke	Perles de sagesse du peuple animal
Laura Lynne Jackson	Signes
Barbara Marciniak	Les Messagers de l'aube
Tanis Helliwell	Conversations avec l'esprit du corps humain
Anthony William	Médium Médical – Le foie
Jean-Philippe Brébion	Le grand livre de la guérison
Drunvalo Melchizédek	Vivre dans le cœur
Lee Carroll	Recalibrage de l'humanité
Kaia Ra	Le Code Sophia
Miguel Mendonça, Barbara Lamb	Rencontrer les Hybrides
Michael E. Salla	Programmes spatiaux et alliances extraterrestres, tome IV
Gregg Braden	Les Codes de sagesse
Nancy Harvey	Mystic Quest
Joëlle Currat	Tu es un soleil
Joëlle Currat	Code-toi toi-même
Eckhart Tolle	Le pouvoir du moment présent – Journal
Caroline Villar	Délivrance
James Gordon Pfleeger	Ego Sum
Yoann Demmer	Oasis de Lumière
Adamus Saint-Germain	Les maîtres de la nouvelle énergie
Michael E. Salla	Programmes spatiaux et alliances extraterrestres, tome III
Jean-Philippe Brébion	L'empreinte de naissance
Anthony William	Médium Médical
Pierre-Henri Steyt	Laah-Tit
Jessie Birra	Mon dialogue avec la Source
Joe Dispenza	Devenir super-conscient
Gregg Braden	Humain par choix
Sophie Andrieu	L'autonomie spirituelle
Dolores Cannon	Les gardiens
Judith Kravitz	Transformational Breath Respirez profondément !